Réussir l'analyse des besoins

Éditions d'Organisation
Groupe Eyrolles
61, bd Saint-Germain
75240 Paris cedex 05

www.editions-organisation.com
www.editions-eyrolles.com

COLLECTION MODE PROJET

Paul-Hubert des Mesnards

Réussir
l'analyse des besoins

EYROLLES

Éditions d'Organisation

Sommaire

Introduction

Votre « lettre de mission » en poche, vous venez d'être nommé chef de projet.

Vous savez que vous avez des objectifs à atteindre : créer, élaborer, mettre en place ou faire évoluer un produit, un équipement, une prestation ou un service… Bien sûr, il vous faut respecter un délai donné et un coût assigné, et répondre aux exigences de qualité demandées.

Le budget est alloué, et vous connaissez les contraintes liées à la réglementation, à la sécurité ou au respect de l'environnement auxquelles vous conformer. Vous allez devoir rendre compte de vos actes au propriétaire du projet. C'est lui qui vous a transmis votre lettre de mission avec toutes ses exigences.

Si ce n'est déjà fait, vous constituez une équipe[1] avec laquelle vous passerez du temps sur le projet (réunions, travaux…). Des contributeurs, des experts et éventuellement des partenaires extérieurs vont travailler, se réunir, échanger des informations, procéder à des études, des analyses, des essais… Vous dépenserez de l'énergie pour traiter les difficultés, motiver et convaincre, et vous allez aussi bien sûr dépenser de l'argent.

Votre intérêt est de satisfaire les clients ou les utilisateurs, en mettant à leur disposition le résultat qu'ils attendent, mais aussi le propriétaire du projet, qui verra l'opération aboutir dans le cadre des

---

1. Voir dans la même collection *Bâtir une équipe performante et motivée* de R. Cayatte.

délais prévus et du budget fixé initialement. Pour résumer, vous souhaitez que le « triangle magique » QCD (qualité, coûts, délais) soit harmonieusement respecté.

Les conséquences d'une mauvaise analyse des besoins

Et pourtant, vous avez certainement entendu parler de dépassements de budget, de délais qui « dérapent »... Si vous n'en avez pas eu vent autour de vous, lisez donc la presse économique : les exemples abondent.

Par ailleurs, vous connaissez aussi sûrement des exemples de produits qui ne répondent pas aux besoins, peut-être même en avez-vous déjà utilisés.

Enfin, vous avez pu remarquer en interrogeant vos collègues et en observant ce qui se passe autour de vous, que le déroulement d'un projet est loin d'être un « long fleuve tranquille » : que de malentendus, d'allers-retours, de recadrages !

Si vous avez vécu de telles situations en tant que membre d'une équipe projet ou chef de projet, vous connaissez les conséquences de ces dysfonctionnements :

- des clients mécontents : « ce n'est pas ce que voulais », « je n'ai pas été écouté »... ;
- une équipe projet frustrée : « nous passons notre temps à faire et à défaire », « tout ce travail pour arriver à quoi ? », « les objectifs changent tout le temps »... ;
- un propriétaire insatisfait (coûts non maîtrisés et délais dépassés).

Qui est alors tenu pour responsable ? Le chef de projet...

Comme dans toute situation complexe, les causes de dysfonctionnement sont multiples. Toutefois, une étude approfondie montre toujours à l'origine une faiblesse dans l'analyse des besoins du client : soit elle a été incomplète, soit elle a été superficielle, soit elle a été trop rapide (ou les trois à la fois).

Mission impossible ?

L'analyse des besoins est une des premières étapes du déroulement d'un projet. Or cette tâche est complexe en raison de la multiplicité des acteurs impliqués. Auprès de qui recueillir les besoins ? Qui écouter en priorité : le propriétaire du projet ou les utilisateurs ? Et quels utilisateurs : l'utilisateur final ou les utilisateurs intermédiaires ? Faut-il plutôt s'adresser à ceux qui sont censés représenter les utilisateurs ? Quand on parle de *client*, s'agit-il du client interne ou du client final ? Dans le cas d'un équipement industriel, est-il nécessaire d'impliquer aussi les installateurs et ceux qui effectuent la maintenance ? Doit-on solliciter l'avis des experts ?

La complexité de l'analyse des besoins est aussi due à leurs nombreuses facettes. Il existe en effet des besoins exprimés naturellement, mais aussi des besoins implicites, des besoins inavoués, et tout simplement des besoins dont les utilisateurs n'ont même pas conscience. Ne confondent-ils pas d'ailleurs souvent insatisfactions et attentes ? Ont-ils bien conscience des différentes possibilités d'utilisation des produits et services mis à leur disposition : utilisation normale, anormale, utilisations détournées ? Les besoins « cachés » sont à l'origine de nombreux non-dits, sources de malentendus, d'interprétations…

Ainsi, vous ne pourrez jamais être certain :

- d'avoir pensé à *tout* : n'avez-vous pas oublié une condition d'utilisation ? Avez-vous bien recensé tous les cas possibles ?

- d'avoir pensé à *tous* : n'avez-vous pas oublié un type d'utilisateur ? Avez-vous bien recensé tous les intervenants ?

Bien sûr, il est tentant d'aller vite, de brûler les étapes, surtout que la pression sur les délais est de plus en plus forte et que *prendre* du temps en amont est culturellement perçu comme *perdre* du temps. Pourtant, l'essentiel se joue dès ce moment…

Nous avons tendance à nous dire : « nous verrons bien, nous ajusterons le tir au fur et à mesure… » Or nous ne pouvons pas ensuite procéder à des ajustements, car le temps passe si vite que nous nous retrouvons, sans l'avoir réalisé, dans une situation préoccupante.

Faut-il pour autant baisser les bras devant de telles difficultés, s'en remettre à l'intuition, renoncer à toute tentative d'exhaustivité ? Heureusement non ! Avec de la pratique et surtout une approche organisée, vous pourrez éviter les écueils cités.

Rigueur, écoute, recul : les clés de la réussite

À travers dix pratiques, nous avons pour ambition de vous présenter dans cet ouvrage une méthode qui a fait ses preuves depuis très long-temps, *l'analyse fonctionnelle des besoins*. À la fin de chaque pratique, vous trouverez un outil simple et efficace pour mettre en œuvre les principes exposés.

Cette démarche structurée vous apportera ce qui manque le plus dans les situations complexes : la rigueur, bien sûr, mais aussi un canevas, un support de réflexion partagé par tous les acteurs, un lan-gage commun facilitant la coopération.

Évidemment, la méthode seule ne se suffit pas à elle-même, elle se résumerait à une procédure vide de sens. Analyser les besoins des clients, c'est aussi aller vers eux, les écouter, prendre en compte leurs attentes et partager leurs doutes : il s'agit avant tout d'une activité de communication.

Après avoir réalisé un tour d'horizon de la démarche proposée, il vous faudra apprendre à choisir vos outils, à effectuer une synthèse, à dégager des priorités, soit à prendre du recul par rapport au projet.

Autodiagnostic à l'usage du futur chef de projet

Indiquez dans le tableau suivant si vous êtes en accord avec les affirmations proposées.

N°	Point critique	Tout à fait	À peu près	Pas du tout
1	Je distingue les *objectifs* des *besoins* et des *moyens*.			
2	J'ai prévu de questionner le propriétaire du projet pour définir avec lui le bon niveau d'analyse des besoins.			
3	Je maîtrise le vocabulaire relatif aux fonctions : fonctions de service, fonctions d'usage, fonctions d'estime…			
4	Je sais déterminer les fonctions grâce à la méthode des relations avec le milieu extérieur.			
5	J'ai prévu d'analyser l'existant et je sais comment m'y prendre.			
6	J'ai l'intention de rencontrer les clients et d'être à leur écoute.			
7	Je sais caractériser les fonctions afin d'éviter les « surspécifications ».			
8	Je sais déterminer des priorités suivant l'importance des fonctions et l'état de l'existant.			
9	Je suis capable d'animer des séances d'expression des besoins en équipe pluridisciplinaire.			
10	Je connais la structure d'un cahier des charges fonctionnel et sais comment en bâtir un.			

Comptez ensuite les points : + 5 points par réponse de type « Tout à fait », + 2 points par réponse de type « À peu près » et – 2 points par réponse de type « Pas du tout ».

Si vous avez totalisé :

- entre 40 et 50 points, vous êtes normalement paré pour analyser les besoins du client ;

- entre 30 et 39 points, vous avez une marge de progrès. Les conseils de cet ouvrage devraient vous être utiles ;

- en dessous de 30 points, évitez de vous engager immédiatement dans une analyse des besoins, il vous faut revoir un certain nombre de choses !

Clarifier le vocabulaire

Histoire vécue

Antoine est chef de projet informatique dans une importante société d'électronique. Cette entreprise, de stature internationale, conçoit et fabrique des équipements militaires et civils dans des domaines très variés : téléphonie mobile, systèmes de surveillance aérienne, de guidage de missiles, gestion de flux de transports...

La société a longtemps eu un fonctionnement peu organisé, sa très grande compétence technique suffisant à faire la différence.

Depuis deux ans, sous l'impulsion d'une nouvelle direction, une rationalisation de l'ensemble des activités est en cours. C'est ainsi que les développements informatiques sont maintenant pilotés par une direction des systèmes d'information. Les autres directions (les directions « métiers ») lui fournissent leurs expressions des besoins et un chef de projet informatique est désigné pour engager les développements.

Cette nouvelle façon de faire n'est pas encore bien installée : les directions métiers se sentent un peu dépossédées, et la communication n'est pas optimale (elle se limite la plupart du temps à la transmission de documents écrits, sans concertation préalable).

Antoine vient d'être recruté à son poste. Ce jeune homme réfléchi, à l'esprit analytique, aime travailler dans le cadre de directives précises et se sent très mal à l'aise dans les situations ambiguës.

Il vient justement de recevoir un document émanant de la direction des achats qui le laisse perplexe. Cette direction a en effet entrepris de rationaliser son fonctionnement. Devant la multiplicité des petites commandes qu'elle doit passer, conséquence du nombre important de produits fabriqués, elle souhaite mettre en place un outil de gestion et de suivi des commandes afin d'alléger les charges de travail des acheteurs.

Peu confiant dans la capacité des chefs de projet informatique à prendre en compte tous les aspects du projet (« ils ne connaissent pas notre métier »), le directeur des achats a demandé à quelques collaborateurs de réfléchir à la question, et de rédiger un texte exprimant leurs besoins. « Puisqu'ils veulent un document, nous allons le leur fournir, mais il prévoira tout et ils n'auront qu'à suivre nos directives ! »

Voici des extraits du fameux document.

Synthèse des besoins pour un portail fournisseurs

<u>Spécifications des besoins inhérents à la gestion des commandes fournisseurs</u>

Il faut réduire la charge de travail des approvisionneurs et des gestionnaires de commandes.

[...]

L'outil de gestion et de suivi des commandes permettra de mieux identifier les types de commandes et de les optimiser.

[...]

La direction des achats cherche à améliorer sa productivité et son efficacité.

[...]

L'outil devra traiter les commandes et les confirmations, homogénéiser les flux internes, informer les fournisseurs.

[...]

Les données traitées seront confidentielles, conformément aux règles de la société.

[...]

Le processus sera le suivant :
- la commande et l'échéancier sont envoyés vers le portail fournisseur ;
- le fournisseur est automatiquement averti par messagerie ;
- il se connecte au serveur et s'identifie.

[...]

La solution devra être très simple d'utilisation et fonctionner avec les navigateurs Internet Explorer et Netscape sous Windows.

[...]

À chaque commande est associé un statut : « lue », « non lue », « réponse complète », « réponse partielle » ou « réponse nulle ».

[...]

Le donneur d'ordre demande une alerte par messagerie si les commandes fournisseurs ne sont pas lues et un rapport régulier sur la lecture des commandes par les fournisseurs.

[...]

L'outil devra être opérationnel pour la fin de l'année. Le budget alloué est de 100 000 euros.

Vous pouvez imaginer les questions qui viennent à l'esprit d'Antoine devant un tel document : est-ce un cahier des charges, une description du processus existant, une description de la solution souhaitée, un recueil de demandes d'utilisateurs, ou tout à la fois ?

Comment l'exploiter ? Par quoi commencer ?

Doit-il développer la solution qui est suggérée, en considérant les besoins comme complètement exprimés, ou se lancer dans une analyse des besoins, au risque de s'entendre dire qu'il refait un travail déjà réalisé ?

Faut-il considérer ce document comme un cahier des charges imposé ou comme un support de réflexion ?

___ Les points-clés ___

La perplexité d'Antoine est bien compréhensible, d'autant qu'il n'a pas participé à la rédaction du document en question. Cet écrit mélange en effet des données qui ne sont pas homogènes : des objectifs, des contraintes, des solutions, des besoins, des attentes, des fonctions...

Par ailleurs, il ne précise pas si ces données sont complètes, d'une part, et valides, d'autre part. Or si elles ne sont pas complètes, Antoine devra engager des travaux complémentaires ; et si elles ne sont pas valides, il faudra les confirmer.

Analyser les besoins, c'est tout d'abord séparer les données en sa possession selon trois univers, caractérisés par leurs acteurs, leurs concepts, leurs actions :

- l'univers du projet ;
- l'univers du produit (ou service ou prestation), objet du projet ;
- l'univers des clients (ou utilisateurs) du produit.

Pour chaque univers, ces données seront ensuite à préciser et à compléter.

L'univers du projet

L'univers du projet englobe tout le fonctionnement du projet, de son lancement à sa clôture. Le projet mène à la création ou à l'évolution d'un produit (matériel ou immatériel). Dans la mission confiée à Antoine, il s'agit d'un portail Internet, ou plutôt d'un outil de gestion et de suivi des commandes.

Les acteurs concernés par l'univers du projet sont d'abord le chef de projet et l'équipe projet, et ensuite tous ceux qui se situent dans l'environnement du chef de projet : ceux à qui il répond, ceux qu'il doit solliciter pour une décision, un appui, un arbitrage... Nous retrouvons donc ici le propriétaire du projet, le décideur ou les instances de décision, et d'une manière générale, le management.

Leurs préoccupations et leurs besoins sont de faire aboutir le projet selon les règles d'équilibre du triangle QCD (qualité, coûts, délais).

Tout ce qui concerne le contexte du projet, les buts, les enjeux, les résultats attendus, le budget alloué, le calendrier, l'organisation et les contraintes à respecter appartient à cet univers.

Reprenons le document reçu par Antoine, pour y distinguer les éléments propres à l'univers du projet :

- l'enjeu se traduit par « la direction des achats cherche à améliorer sa productivité et son efficacité » ;
- l'un des buts recherchés est de « réduire la charge de travail des approvisionneurs et des gestionnaires de commandes » ;
- l'objectif est de mettre en place un « outil de gestion et de suivi des commandes » ;
- les contraintes sont : « devra être opérationnel pour la fin de l'année » et « le budget alloué est de 100 000 euros ».

La première étape de l'analyse des besoins consiste donc à identifier et à expliciter tout ce qui relève de l'univers du projet, de façon à obtenir un véritable cahier des charges du projet. Il est de votre responsabilité, en tant que chef de projet, d'établir ce cahier des charges ou d'en vérifier la pertinence et la validité.

La démarche et les outils correspondant à l'univers du projet seront présentés dans la pratique n° 2.

L'univers du produit

L'univers du produit englobe l'ensemble de la conception du produit (ou du service), objet du projet.

Les acteurs concernés par l'univers du produit sont d'abord les concepteurs (bureaux d'étude), ceux qui vont créer ou faire évoluer le produit, mais aussi les experts techniques sur lesquels ils peuvent s'appuyer. C'est à eux que s'adresse en priorité l'expression des besoins.

Sont aussi impliqués tous ceux qui auront à fabriquer et à diffuser le produit, c'est-à-dire les autres fonctions de l'entreprise directement liées à sa réalisation : les méthodes, la production, les achats, la fonction qualité, les essais, le commercial, la logistique…

Les préoccupations des acteurs de cet univers sont de concevoir et de réaliser le produit correspondant au mieux aux besoins, et cela au coût le plus intéressant.

© Groupe Eyrolles

Ils définissent dans ce but les solutions, les moyens les mieux adaptés. Dans l'exemple d'Antoine, ces solutions sont :

- « fonctionner avec les navigateurs Internet Explorer et Netscape sous Windows » ;
- « le fournisseur est automatiquement averti par messagerie ».

Ce sont les moyens de réaliser les fonctions demandées au produit, autrement dit les services attendus.

Dans l'exemple cité, ces services sont :

- « traiter les commandes » ;
- « informer les fournisseurs ».

Traduire les fonctions en solutions est la mission des concepteurs. Pour qu'ils puissent travailler dans les meilleures conditions, les fonctions du produit doivent être toutes définies avec suffisamment de précision : c'est l'objet du *cahier des charges fonctionnel*, document de référence de l'expression des besoins.

Les démarches et outils correspondant à l'univers du produit seront présentés dans les pratiques suivantes, principalement les pratiques n° 3, 4, 7 et 10.

L'univers des clients (ou utilisateurs)

L'univers des clients englobe l'utilisation et l'exploitation du produit (ou service), de sa mise à disposition à sa destruction.

Les acteurs de cet univers sont donc tous ceux qui exploitent et utilisent le produit : clients, utilisateurs, mainteneurs… Ils peuvent être internes à l'entreprise comme dans le cas traité par Antoine, ou externes (professionnels, *business to business*, ou grand public, *business to customer*).

Ils expriment des besoins, des désirs, des attentes, des insatisfactions, et même parfois déjà des solutions. Tous ces éléments devront être traduits en fonctions suffisamment détaillées, assorties de niveaux de performances requis, pour constituer le cahier des charges fonctionnel.

Pour l'outil de gestion des commandes demandé à Antoine, les fonctions seraient par exemple :

- « traiter une commande en moins de x minutes » ;
- « pouvoir rechercher des commandes en fonction de critères de tri (numéro de commande, statut, acheteur) » ;
- « disposer d'un rapport hebdomadaire concernant la lecture des commandes par les fournisseurs ».

Ces fonctions appartiennent à la fois à l'univers du produit et à l'univers des clients. Par convention nous les classerons dans l'univers des produits.

Les clients ou utilisateurs ont souvent des difficultés pour exprimer leurs besoins, et le chef de projet pour les recueillir, principalement pour les raisons suivantes :

- les confusions sont fréquentes entre la solution et la fonction, entre le moyen actuel et le service attendu et entre les insatisfactions et le besoin ;
- il est difficile de prendre du recul par rapport à l'existant ;
- il est ardu et parfois impossible de se projeter dans le futur.

Il résulte de ces problèmes d'expression une vision « réductrice » des besoins, d'où l'importance d'une bonne écoute des clients (nous reviendrons sur ce point en détail dans la pratique n° 6).

L'ordinogramme de l'analyse des besoins

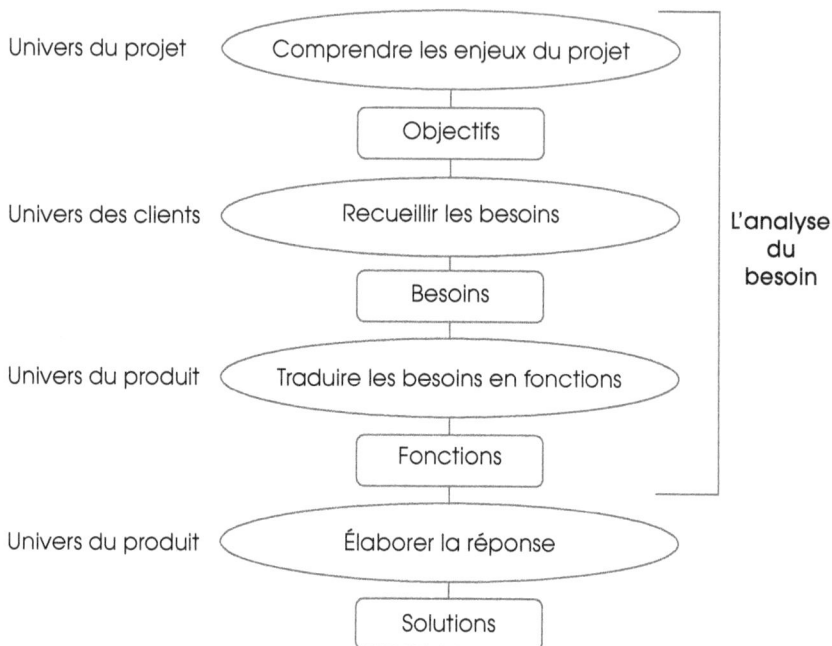

Univers du projet — (Comprendre les enjeux du projet)

Objectifs

Univers des clients — (Recueillir les besoins)   L'analyse du besoin

Besoins

Univers du produit — (Traduire les besoins en fonctions)

Fonctions

Univers du produit — (Élaborer la réponse)

Solutions

Les leçons de l'expérience

Identifier ce qui relève de chacun des univers (projet, produit, clients) est la première tâche à laquelle vous devez vous atteler si vous vous engagez dans une analyse des besoins. Cette « mise à plat » des éléments dont vous disposez vous permettra de mieux travailler, de moins perdre de temps et d'éviter malentendus et interprétations. Par ailleurs, vous saurez à qui vous adresser et pourquoi, et pourrez utiliser à bon escient les outils qui vous sont proposés.

La première étape de l'analyse des besoins consiste à faire exprimer et à comprendre les enjeux du projet (univers du projet). Lors de la deuxième étape, vous recueillerez les besoins des clients (univers des clients). Enfin, la troisième étape est la traduction de ces besoins en fonctions (univers du produit). Ce sera ensuite aux concepteurs d'élaborer les solutions en réponse aux besoins exprimés (univers du produit).

Trois écueils à éviter

Accepter la confusion
Elle se prolongera tout au long du projet.

Négliger un interlocuteur
L'analyse des besoins est l'affaire de tous.

Trop détailler
C'est le meilleur moyen d'oublier les enjeux.

Trois conseils à méditer

Faites preuve de rigueur.
La rigueur est indispensable en amont : tout se joue dès ce moment !

Soyez exigeant avec vous-même.
Et demandez à vos interlocuteurs de se comporter de même.

Élargissez votre champ de vision.
Impliquez les interlocuteurs des trois univers étudiés (projet, produit, clients).

La matrice de référence

Univers	Acteurs	Concepts maniés	Action
Projet	Propriétaire Décideur Chef de projet Équipe projet	Enjeux Objectifs Périmètre Contraintes	Réaliser le projet selon les règles d'équilibre du triangle QCD (qualité, coûts, délais)
Produit	Concepteurs Experts techniques Autres fonctions de l'entreprise	Fonctions Solutions Performances	Réaliser le produit le plus efficient
Clients	Utilisateurs (ou leurs représentants) Exploitants : distributeurs, installateurs, mainteneurs	Besoins Désirs Attentes Insatisfactions	Obtenir et exploiter le produit mis à leur disposition

Dénicher les vrais besoins

Histoire vécue

Philippe est un jeune ingénieur packaging dans une société de conserves de produits alimentaires. Cette entreprise est spécialisée dans les conserves de poissons (thons, sardines, maquereaux…) pour le grand public et la restauration collective.

Bien organisée, elle a connu une croissance régulière, sous la conduite d'un management à la fois prudent et dynamique, cherchant avant tout à structurer son fonctionnement par des processus fiables.

La conduite de projet (avec ses notions de propriétaire de projet, de chef de projet, d'équipe projet, etc.) est passée dans les mœurs ; les projets sont menés selon une démarche planifiée et cohérente.

À la demande du directeur commercial, l'emballage d'un produit de la société va être modifié. Ce projet concerne les filets de maquereaux pour les collectivités, un produit très apprécié, mais pénalisé par son packaging, une boîte métallique parallélépipédique. Un seul fournisseur la réalise, ce qui crée une dépendance et contribue à son coût élevé.

Par ailleurs, cette boîte présente de multiples inconvénients en fabrication, et ses utilisateurs la jugent malcommode : son ouverture peu ergonomique entraîne des risques de blessures et n'est pas compatible avec les dispositifs automatiques qu'utilisent de plus en plus les clients. Pour couronner le tout, l'élimination des déchets pose de sérieux problèmes. Que d'inconvénients !

Dans la mesure où cet emballage pénalise les ventes et pèse sur la rentabilité du produit, le directeur commercial, propriétaire du projet, souhaite qu'il soit revu.

Justement, une transformation a été réalisée récemment sur une autre gamme de produits : le nouveau packaging, une poche souple, donne toute satisfaction, aussi bien en fabrication qu'en utilisation. L'élimination des déchets est facilitée et le coût intéressant.

Pourquoi ne pas transposer cette technique aux filets de maquereaux ?

Voilà Philippe nommé chef de projet. Sa lettre de mission est réduite à sa plus simple expression : « mettre les filets de maquereaux dans une poche souple ». Les délais sont, bien entendu, très serrés et l'objectif de réduction des coûts très ambitieux (il ne faut pas perdre de temps, la rentabilité du produit est en jeu !).

Jeune, enthousiaste et passionné, Philippe fonctionne beaucoup à l'intuition et aime bien faire (un projet réussi serait aussi l'occasion d'être bien considéré par la direction). L'objectif est clair, et il faut aller vite : Philippe se lance dans le projet avec zèle. Ses bonnes aptitudes relationnelles l'ont conduit rapidement à avoir des correspondants dans chaque service, et il n'a aucune difficulté à réunir autour de lui une équipe.

La solution étant pratiquement imposée, il n'y a plus qu'à la tester sur la gamme de produits concernée. Et là, le chef de projet est dans son élément ! Une analyse des besoins est dans ce cas une étape inutile, n'est-ce pas ? Elle ne le mènerait qu'à redécouvrir ce qu'il sait déjà et lui ferait perdre du temps...

Par ailleurs, une telle démarche risquerait d'indisposer le directeur commercial qui semble très fermement attaché à la solution de la poche souple. Ce serait maladroit pour un jeune ingénieur de se montrer aussi impertinent.

Philippe se procure donc des échantillons de la fameuse poche, les adapte aux dimensions voulues, lance les essais à l'usine et attend les retours...

« Cela ne va pas du tout, les filets s'écrasent et se transforment en charpie.

— Recommencez l'essai, ce n'est pas possible ! »

Quelques jours passent...

« Cela s'écrase toujours.

— Mais pourquoi ?

— Il n'y a aucune résistance.

— Ne pouvez-vous pas réduire les quantités ?

— Impossible, elles sont imposées par les clients.

— Mais pourtant, ces poches sont utilisées avec succès ailleurs !

— Oui, mais pour les miettes de thon, ce n'est pas grave si elles s'écrasent... »

Philippe s'est engagé à présenter les résultats au comité projet dans quelques jours.

« Ne peut-on pas renforcer la poche ?

— Impossible, nous la recevons telle quelle du fournisseur.

— Il doit bien y avoir une solution...

— J'ai une idée : pour les sardines, ils utilisent une barquette préformée rigide, qui devrait apporter de la résistance.

— Essayez donc, mais vite ! »

Peu de temps après...

« Cela fonctionne, mais la barquette est trop grande, il faudra modifier le moule.

— Nous le ferons ! »

Enfin, un essai concluant, mais à quel prix... Les barquettes devront en effet être introduites à la main, ce qui, avec la modification du moule, double le coût initialement prévu. Et que vont penser les clients du volume de déchets supplémentaire dû à cette fameuse barquette ?

La présentation au comité projet s'avère naturellement décevante, et le projet est abandonné. La solution actuelle est conservée ; le directeur des achats se charge de trouver un autre fournisseur et de voir avec lui si des améliorations sont possibles sans augmenter les coûts de fabrication.

Philippe est déçu : il a cru bien faire et tout le monde est mécontent. Comment aurait-il dû s'y prendre ?

___ **Les points-clés** _____

Le jeune ingénieur a foncé tête baissée vers la solution et a entraîné avec lui l'équipe projet. Comme beaucoup, il a la fâcheuse habitude de se précipiter sans avoir au préalable étudié posément le problème. Sa vitesse fait illusion. Pourtant, la déception est grande lorsque les premiers obstacles surgissent, et il est souvent trop tard. « J'aurais dû réfléchir avant », entend-t-on alors fréquemment.

Philippe était d'autant plus disposé à adopter ce comportement qu'il se trouvait dans son domaine d'expertise (l'emballage). Dans de telles conditions, l'aspect technique prend vite le pas sur l'analyse des besoins.

Pour éviter un tel échec, il aurait dû :

- comprendre qu'il était devant un objectif formulé en termes de solution ;
- poser plus de questions et être moins obéissant ;
- s'intéresser au contexte au lieu de s'engager dans la solution.

Autrement dit, il aurait mieux fait d'adopter la démarche préconisée dans la pratique précédente et d'étudier l'univers du projet.

Attention aux « objectifs-solutions » !

Une formulation malheureusement fréquente

Un chef de projet se voit très souvent assigner des objectifs sous la forme de solutions. Tout dans le contexte actuel y incite : pression sur les délais, attrait de la technique, souci de standardisation ou de réutilisation de ce qui existe déjà… sans oublier le mécanisme mental qui pousse, face à une difficulté, à proposer la solution au lieu d'analyser la situation.

Si en plus l'« objectif-solution » vous est assigné par une figure d'autorité respectée ou un expert reconnu, vous croirez bien faire en acceptant la mission telle quelle, et n'oserez pas la remettre en cause.

Et pourtant, les risques de « fausse route » sont réels et nombreux :

- risque d'être enfermé dans une solution inadéquate soumise à ses propres contraintes, ce qui va renchérir les coûts et augmenter le mécontentement des utilisateurs ;

- risque de ne pas optimiser la réponse au besoin, dans la mesure où vous n'examinez pas systématiquement les autres solutions possibles (peut-être trouveriez-vous parmi elles une solution mieux adaptée à la situation) ;
- risque de ne pas satisfaire la totalité des besoins, la solution proposée *a priori* n'en couvrant qu'une partie, la plus visible.

« Remonter le ludion »

Surtout, et cela doit devenir un réflexe, ne vous enfermez pas dans la solution avancée. Posez-vous – et posez autour de vous – la question : à quel problème répond cette solution ? Autrement dit, remontez au but, au vrai besoin.

Une formule illustre cette démarche et cet état d'esprit : « remonter le ludion », par analogie avec ce petit dispositif en suspension dans un fluide qui peut monter ou descendre selon l'action exercée sur la membrane du récipient. En fonction des questions que vous poserez, le ludion pourra descendre vers les solutions ou remonter vers les buts.

Le ludion

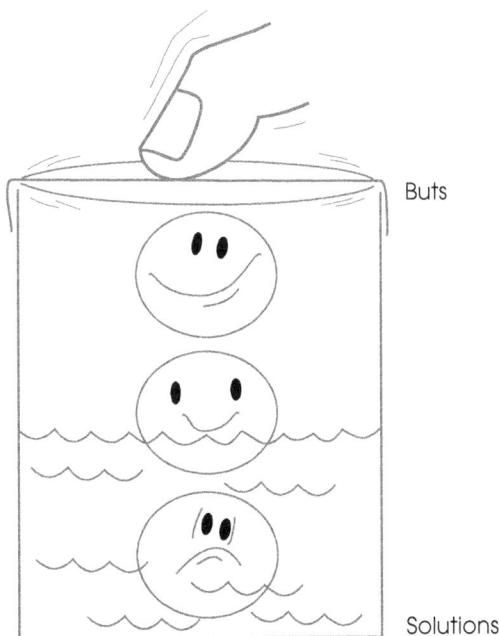

Buts

Solutions

Nous pourrions ainsi imaginer le dialogue suivant entre Philippe et le directeur commercial.

Le directeur commercial. — Votre mission est de trouver le moyen de mettre les filets de maquereaux dans la poche souple.

Philippe. — Oui, mais dans quel but ?

Le directeur commercial. — Eh bien, afin d'avoir enfin un emballage correct.

Philippe. — Si je comprends bien, c'est là ma mission : trouver un emballage correct pour les filets de maquereau, c'est-à-dire résistant, pas cher, facile à ouvrir, économe en déchets… La poche souple est une des solutions possibles.

Le directeur commercial. — Si vous voulez, mais cette poche souple présente de gros avantages.

Philippe. — Et si l'on trouve une solution encore plus avantageuse ?

Le directeur commercial. — Évidemment, dans ce cas, vous avez carte blanche.

Philippe. — Poussons encore plus loin le raisonnement. Quel est finalement le but de cette mission ?

Le directeur commercial. — Faire en sorte que les clients nous achètent encore plus de filets de maquereaux, et que la rentabilité de ce produit soit correcte, tout simplement.

Philippe. — C'est donc d'augmenter les ventes et les marges sur les filets de maquereaux.

Le directeur commercial. — Exactement !

Le ludion est remonté de « mettre les filets de maquereaux dans la poche souple » à « trouver un emballage correct », puis à « augmenter les ventes et les marges ».

Plus le ludion remonte, plus le champ des possibles s'élargit : Philippe n'est plus enfermé dans une solution unique. Toutefois, plus les finalités deviennent générales (« satisfaire les clients », « garantir la pérennité de l'entreprise »), et moins il y a de possibilités concrètes d'agir.

Or le ludion peut remonter haut ! Où s'arrêter alors ? C'est à vous, en accord avec le propriétaire du projet, de choisir le niveau adéquat : le besoin doit rester concret et ne pas tout remettre en cause.

Dans le cas de Philippe, le niveau à atteindre était : « trouver un emballage correct ».

Questionner, questionner, et encore questionner

Philippe, sans doute impressionné par l'autorité du directeur commercial, n'a pas osé l'interroger.

Or le questionnement du propriétaire du projet sur ses intentions et ses besoins est pourtant une des premières étapes de l'analyse des besoins. Les enjeux sont trop importants pour que vous vous contentiez à ce stade d'être obéissant.

En interrogeant le propriétaire du projet, vous prenez en main les opérations, mais surtout vous l'aidez à clarifier ses besoins et ses choix, sans pour autant porter de jugement. Cette attitude pourrait être qualifiée d'« impertinence constructive ».

Ainsi, en partant de la demande initiale, vous pouvez orienter votre interrogatoire selon les axes suivants :

- « Quoi ? », afin de connaître les faits ;
- « Dans quel but ? », afin de connaître les finalités ;
- « Pourquoi ? », afin de connaître les causes ;
- « Comment ? », afin de connaître les solutions.

À l'évidence, ne commencez pas par la question « Comment ? » qui fera redescendre le ludion vers les solutions.

La question « Dans quel but ? » est la plus riche, car elle fait remonter le ludion. Elle peut toutefois surprendre un interlocuteur qui n'est pas préparé à cette démarche.

Le mieux est de débuter l'entretien de façon factuelle par la question « Quoi ? » relative aux faits, à la situation actuelle. La question « Pourquoi ? » permettra ensuite de connaître les causes d'insatisfaction.

Voici la marche à suivre (nous reprenons ici à titre d'illustration le problème de packaging auquel Philippe est confronté).

© Groupe Eyrolles

Quoi ? Les faits

- Pouvez-vous décrire la situation actuelle ? *Les filets de maquereaux sont mis dans une boîte métallique rectangulaire.* Ne vous contentez pas d'une simple description de la situation actuelle, allez plus loin et identifiez les dysfonctionnements.

- En quoi est-elle insatisfaisante ? *Cette boîte est coûteuse et les clients ne l'apprécient pas.*

Quelle finalité ?

- Dans quel but voulez-vous mener ce projet ? *Il faut trouver un emballage correct afin que les ventes et les marges augmentent.* Il peut y avoir plusieurs buts, plusieurs finalités (généralement un but ultime, qui se décline en buts intermédiaires).

- Quelle serait la situation idéale ? *Un emballage peu coûteux, attractif, facile à ouvrir, et générant peu de déchets.*

Pourquoi ? Les causes

Comment expliquez-vous les insatisfactions actuelles ? *La boîte est coûteuse parce qu'elle est fabriquée par un seul fournisseur. Elle est peu appréciée parce qu'elle est difficile à ouvrir, à manipuler, et qu'elle entraîne beaucoup de déchets. Tout cela est dû à sa conception actuelle, au fait qu'elle soit métallique et parallélépipédique.*

La distinction entre faits et causes n'est pas toujours évidente ; en général, les faits sont observables, vérifiables, incontestables, alors que les causes relèvent de l'hypothèse, de l'interprétation.

Une confusion fréquente consiste à confondre les buts et les causes, en raison de l'ambiguïté de la question « Pourquoi ? ». Celle-ci peut en effet avoir deux sens :

- Pourquoi ? La réponse débute par « parce que », elle donne la cause ;

- Pour quoi ? La réponse débute par « afin de », elle donne le but. Nous vous recommandons d'employer plutôt « Dans quel but ? » pour rechercher les finalités.

Comment ? Les solutions

- Des solutions ont-elles déjà été envisagées ? *Nous avons déjà pensé à une poche souple…* On retrouve souvent ici la solution initialement proposée comme objectif.
- Quels sont les degrés de liberté vis-à-vis de ces solutions ? *… mais ce n'est qu'une suggestion.*

En pratique, l'entretien ne suivra pas un cheminement aussi linéaire que dans cette présentation. Les questions s'enchaînent souvent différemment, en fonction des réponses obtenues. Les allers-retours, courants, ne doivent pas être perçus comme des perturbations ou des pertes de temps.

L'essentiel est de garder à l'esprit la « rose des vents » des questions comme une boussole, afin de vérifier que toutes les questions ont bien été posées, et non de respecter rigidement une procédure.

La « rose des vents » des questions

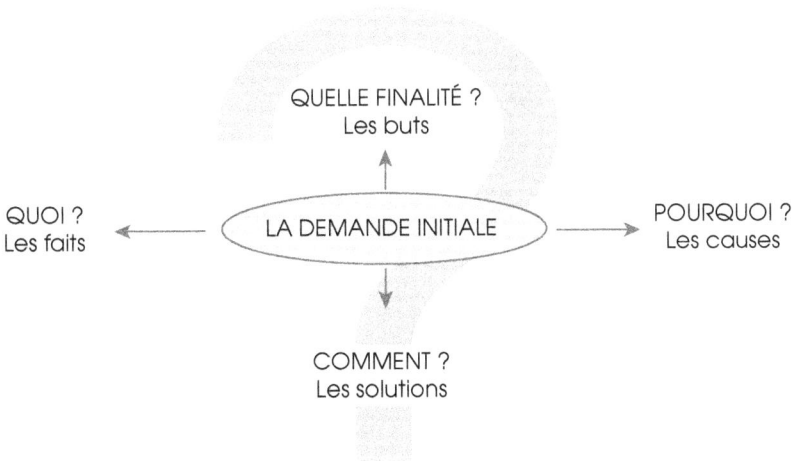

QUELLE FINALITÉ ?
Les buts

QUOI ?
Les faits

LA DEMANDE INITIALE

POURQUOI ?
Les causes

COMMENT ?
Les solutions

Éclaircir le contexte

L'éclaircissement du contexte prendra la forme d'un entretien avec le propriétaire du projet, le demandeur, selon l'organisation suivante en trois temps :

- compréhension du contexte (les faits, les buts, les causes) ; aidez-vous pour cela des trois premières questions présentées plus haut (Quoi ? Dans quel but ? Pourquoi ?) ;
- validation de l'objectif (formulé « au bon niveau ») et précision des résultats attendus ;
- cadrage du périmètre, des contraintes et des critères de choix des solutions.

Durant cet entretien, osez poser des questions. Reformuler est encore le meilleur moyen de vérifier que vous êtes en phase avec votre interlocuteur : « si je comprends bien, votre objectif est… ». Par ailleurs, écoutez-le et prenez en compte ce qu'il vous dit, et non ce que vous penseriez à sa place (l'écoute active sera étudiée plus avant dans la pratique n° 6).

Vous formaliserez votre échange sur une *fiche objectif*, qui aura ainsi valeur de « contrat ». Voici un exemple se rapportant au packaging des filets de maquereaux.

Rubrique	Exemple
Les faits	Insatisfactions vis-à-vis de l'emballage actuel (boîte métallique) et coût élevé
Les buts	Trouver un emballage correct dans le but d'augmenter les ventes et les marges
Les causes	Un seul fournisseur Boîte métallique parallélépipédique
L'énoncé de l'objectif	Mettre en place un nouvel emballage pour les filets de maquereaux
Les résultats attendus	Coût réduit de 15 % Satisfaction totale des utilisateurs (à mesurer par des enquêtes de satisfaction)
Le demandeur (le propriétaire du projet)	Le directeur commercial

Le décideur	Le comité projet
Le périmètre	Toute la gamme des filets de maquereaux pour la restauration collective Les autres produits sont hors périmètre.
Les contraintes à respecter	Délai de 2 ans Investissements amortis en 1 an Réglementation sur les produits alimentaires
Les critères de choix des solutions	Satisfaction des clients Coût Minimisation des déchets Facilité d'implantation en usine Extension possible à d'autres produits

Une fois la formalisation réalisée, un autre entretien pourra être organisé afin de valider la fiche objectif et de préparer la suite du projet.

Les leçons de l'expérience

La première étape de l'analyse des besoins consiste à comprendre l'univers du projet en étudiant les vrais besoins, les intentions, les buts et les préférences du propriétaire du projet. Repérez tout d'abord les objectifs formulés en solutions, pour éviter de vous y laisser enfermer, et faites remonter le ludion.

Précisez ensuite le contexte dans lequel s'inscrit le projet en menant un entretien constructif en trois temps : étude des faits, des buts, des causes, formulation (ou reformulation) de l'objectif « au bon niveau » en précisant les résultats attendus, cadrage de la mission puis formalisez de l'ensemble sur la fiche objectif.

Ainsi les enjeux du projet sont exprimés, compris et partagés. Une fois parti « du bon pied », vous pourrez vous tourner vers les clients et utilisateurs.

Trois écueils à éviter

Foncer tête baissée en s'enfermant dans une solution
Il n'est jamais certain que cette solution soit la bonne.

Être trop obéissant
Un chef de projet ne doit pas être obéissant, mais exigeant.

Remonter le ludion trop haut
Attention, il est essentiel de rester concret pour ne pas se perdre dans des généralités.

Trois conseils à méditer

Établissez une vraie complicité, un partenariat avec le propriétaire du projet.
C'est le seul moyen de l'écouter vraiment, de percevoir les non-dits importants.

Faites-lui valider la fiche objectif avant de poursuivre.
Vous établissez alors avec lui une sorte de contrat.

Prenez du recul.
Vous ne vous enfermerez pas dans la première solution imaginée.

La fiche objectif

Les faits	Réponses aux questions « Pouvez-vous décrire la situation actuelle ? », « En quoi est-elle insatisfaisante ? »
Les buts	Réponses aux questions « Dans quel but voulez-vous mener ce projet ? », « Quelle serait la situation idéale ? »
Les causes	Réponse à la question « Comment expliquez-vous les insatisfactions actuelles ? »
L'énoncé de l'objectif	Phrase décrivant l'objectif assigné (et non la solution), composée d'un verbe et d'un complément d'objet direct Le verbe décrit l'action attendue : créer, mettre en place, modifier, faire évoluer, améliorer… Le complément désigne l'objet sur lequel porte l'analyse des besoins : produit, matériel, équipement, prestation, service, système…
Les résultats attendus	Indicateurs quantifiés ou repérés de réussite du projet
Le demandeur	Personne qui est questionnée (le propriétaire du projet)
Le décideur	Personne (ou groupe de personnes, un comité de pilotage par exemple) qui décidera du choix des solutions. Le demandeur n'est pas toujours le décideur
Le périmètre	Champ du projet, les éléments à traiter et à ne pas traiter
Les contraintes à respecter	Contraintes qu'il faudra respecter absolument : délai, budget, obligations (techniques, commerciales, financières, réglementaires…) Indiquer éventuellement les degrés de liberté autorisés
Les critères de choix des solutions	Critères selon lesquels sera effectué le choix, parmi plusieurs solutions répondant à l'objectif et respectant les contraintes La satisfaction des besoins des clients et le respect des coûts sont des critères incontournables

Comprendre les fonctions

Histoire vécue

En 1935, Pierre Boulanger préside, avec Pierre Michelin, aux destinées de l'entreprise Citroën qui avait été reprise en main par la famille Michelin après de graves difficultés financières.

Intéressant personnage que Pierre Boulanger ! Il interrompt ses études pour gagner sa vie, puis s'expatrie aux États-Unis après son service militaire (au cours duquel il fait la connaissance de Marcel Michelin). Il fonde ensuite une société de construction immobilière au Canada.

Lors de la déclaration de guerre en 1914, il rejoint la France et s'illustre dans l'aviation.

Après la guerre, il est engagé par la famille Michelin pour s'occuper de la construction des cités ouvrières, puis mener la réorganisation de Citroën. Il acquiert alors une réputation d'homme calme, sachant écouter, prenant des décisions nettes et les faisant appliquer immédiatement. On le respecte, on le craint, il inspire confiance. Bref, c'est un homme prudent et sage, qui n'aime ni le hasard ni l'aventure.

Or, il annonce, fin 1935, au directeur du bureau d'études : « Faites étudier par vos services une voiture pouvant transporter deux cultivateurs en sabots, cinquante kilos de pommes de terre ou un tonnelet, à une vitesse maximale de 60 km/h pour une consommation de 3 litres aux 100 km. Ce véhicule devra pouvoir être conduit par une conductrice débutante, passer dans les plus mauvais chemins, et être d'un confort irréprochable. Le point de vue esthétique n'a aucune importance. Enfin, il faudra que son prix soit inférieur au tiers de celui de la traction avant 11 CV. »

Imaginez la réaction du directeur du bureau d'études devant ce cahier des charges purement verbal et totalement irréaliste en apparence ! Pas un mot sur l'emplacement du moteur, sur les organes, sur la transmission, sur l'allumage, bref aucune indication sur les performances techniques : il y a de quoi être surpris... D'ailleurs, une rumeur va vite circuler dans les bureaux d'études et les ateliers : « Ils veulent construire une plate-forme à quatre roues, surmontée d'un parapluie ! »

Et pourtant, ce bref cahier des charges allait lancer la carrière d'un véhicule mythique : la 2 CV.

L'idée d'une toute petite voiture (TPV sera d'ailleurs son nom jusqu'en 1948) était venue à Pierre Boulanger au marché de Lempdes où il habitait, à 10 km de Clermont-Ferrand. Les paysans venaient y vendre leurs produits en carriole à cheval. La fermière et l'un de ses enfants tenaient l'étalage pendant que le fermier passait le temps et que le cheval restait inemployé.

« Si ces agriculteurs possédaient une toute petite voiture que la femme puisse conduire, le paysan pourrait rester chez lui avec son cheval et s'occuper utilement aux travaux de la ferme », s'était dit Pierre Boulanger.

Sous cet angle, tout s'explique :

- *deux cultivateurs en sabots* : il s'agit de la fermière et de l'un de ses enfants. Notez la précision des sabots, à prendre en compte pour l'ergonomie des pédales ;
- *cinquante kilos de pommes de terre ou un tonnelet* : cela correspond à la charge « standard » qu'une famille de paysans vient vendre couramment au marché. Par ailleurs, cela dimensionne l'espace de rangement et influe sur son accessibilité ;
- *à une vitesse maximale de 60 km/h* : vu l'usage, il n'est pas nécessaire d'aller plus vite ;
- *pour une consommation de 3 litres aux 100 km* : la voiture s'adresse à des gens aux revenus modestes. Cette exigence aura une grande influence sur le poids, et donc sur le caractère dépouillé à l'extrême des premières 2 CV ;
- *le véhicule devra [...] passer dans les plus mauvais chemins* : pour pouvoir évoluer bien sûr dans les cours de fermes et sur les routes de l'époque ;

- *pouvoir être conduite par une conductrice débutante* : en 1935, il était exceptionnel de voir des femmes conduire ;
- *être d'un confort irréprochable* : cette exigence sera ultérieurement précisée par *pouvoir traverser un champ labouré avec un panier d'œufs sans les casser* ;
- *le point de vue esthétique n'a aucune importance* : effectivement, pour la clientèle visée, ce n'est pas un critère prioritaire ;
- *il faudra que son prix soit inférieur au tiers de celui de la traction avant 11 CV* : l'objectif de coût est annoncé dès le départ. Ce principe de la « conception à coût objectif » est tout à fait novateur pour l'époque, il sera le précurseur d'une démarche largement répandue de nos jours dans l'industrie ;
- dernière précision : Pierre Boulanger avait aussi spécifié ses exigences en termes d'accessibilité, en demandant à pouvoir rentrer dans la voiture avec son chapeau sur la tête.

Le projet de la TPV fut confié à André Lefèvre qui avait déjà réalisé la traction avant.

Une ambitieuse enquête menée auprès de dix mille personnes durant cinq mois permit d'élargir le public visé, au-delà des paysans, à toute une tranche de population à revenus modestes qui se développa avec les lois sociales du Front populaire en 1936.

Finalement, la 2 CV fut présentée au Salon de l'auto de 1949.

___ **Les points-clés** _____

Dans son expression des besoins, Pierre Boulanger a soigneusement évité de se référer à la technique, afin de ne pas orienter le bureau d'études sur des choix *a priori*, qui auraient pu ne pas s'avérer optimaux.

Il a ainsi décrit les services attendus de la future voiture, autrement dit ses *fonctions*.

En présentant ce cahier des charges fonctionnel, il a respecté l'expertise et la créativité des concepteurs, tout en fixant des objectifs précis.

Pour reproduire ce que Pierre Boulanger avait compris intuitivement, il est indispensable :

- d'adopter le regard de l'utilisateur ;
- de distinguer besoins, fonctions et solutions ;
- de mettre en forme le besoin en rédigeant un cahier des charges fonctionnel.

À travers l'œil de l'utilisateur

L'exemple de la 2 CV illustre les deux regards que nous pouvons porter sur un produit :

- le regard du « concepteur-réalisateur », qui répond à la question « Comment est-ce fait ? », en listant les *constituants* du produit : châssis, carrosserie, liaison au sol, moteur, transmission, équipements… ;
- le regard de l'utilisateur, qui répond à la question : « À quoi cela sert-il ? », en listant les *fonctions* du produit : transport, ergonomie, confort, esthétique…

Ces deux regards sont complémentaires, l'approche fonctionnelle consiste à opter pour le regard de l'utilisateur (les fonctions) avant d'adopter celui du concepteur-réalisateur (les solutions). Notez que cette façon de raisonner s'applique à tout produit, matériel ou immatériel (service, prestation, système…).

Pourtant, cette démarche n'est pas spontanée. Une expérience courante consiste à mettre entre les mains d'un volontaire un objet familier, par exemple un marqueur à pointe feutre, et à lui demander de le présenter à l'assistance, comme s'il le découvrait pour la première fois. La plupart du temps, les deux regards sont « mélangés », et c'est surtout celui du concepteur-réalisateur qui est privilégié (« un corps en métal, un capuchon en plastique, une pointe en feutre… »). Le volontaire en oublie même parfois la fonction principale de l'objet (marquer) !

Dès que nous tenons un objet entre les mains, nous sommes en effet influencés par sa conception (la solution existante) et nous en venons à la décrire, au lieu de nous intéresser à son utilité.

Du besoin à la solution

Reprenons l'exemple de la 2 CV pour définir un certain nombre de concepts correspondant à différents niveaux de raisonnement.

Le niveau du besoin

« Permettre à la fermière de se rendre au marché avec ses marchandises » est la première expression du besoin, la plus synthétique et la plus générique.

Le besoin se définit comme « une nécessité ou un désir éprouvé par un utilisateur ». Ce dernier peut être une personne physique ou une collectivité, voire une entité (un service d'une entreprise par exemple).

Par ailleurs, le besoin peut être explicite ou implicite, latent, potentiel. Dans ces derniers cas, un questionnement approprié de l'utilisateur devrait conduire à le formuler précisément.

Le niveau des fonctions

Pierre Boulanger, dans son expression des besoins, a traduit le besoin en fonctions : « transporter deux cultivateurs en sabots » (ce qui est impératif à signaler pour l'ergonomie de la conduite), « pouvoir être conduite par une conductrice débutante » (ce qui est justifié à l'époque), etc.

La fonction se définit comme une action attendue du produit, exprimée en termes de finalité (et non de moyens ou de solutions). Dans la mesure où une fonction exprime un service attendu du produit, on parlera de *fonction de service* (l'aspect technique n'est pas du tout abordé ici).

Le cahier des charges de la 2 CV évoque le transport, la conduite, le confort, mais aussi l'aspect esthétique (même si cette fonction est jugée sans aucune importance). Or s'il est possible de juger objectivement des performances liées au transport, à la conduite ou au confort, il est plus difficile de le faire pour l'aspect esthétique, par nature subjectif.

Ainsi, les *fonctions d'usage* correspondent à des besoins objectifs, rationnels, tandis que les *fonctions d'estime* concernent des besoins subjectifs.

Enfin, le cahier des charges de la 2 CV ne mentionne pas une autre catégorie de fonctions : les *fonctions contraintes* (« résister aux chocs » par exemple). Elles traduisent une réaction, une résistance ou une adaptation aux éléments de l'environnement qui pourront contraindre le produit.

Le niveau du produit : solutions, moyens, techniques

Pour réaliser les fonctions de service demandées, les concepteurs vont imaginer des dispositifs (moteur, transmission…) et leur fonctionnement.

Une expression telle que « transmettre le mouvement du moteur aux roues » sera désignée sous le nom de *fonction technique*. C'est une action interne au produit, entre ses constituants, choisie par les concepteurs-réalisateurs pour assurer des fonctions de service.

Une fois les fonctions techniques définies, les concepteurs pourront déterminer les solutions : technologie et puissance du moteur, matériau et épaisseur de la carrosserie…

Les fonctions techniques et les solutions qui les matérialisent ne figurent pas dans le cahier des charges fonctionnel.

En revanche, Pierre Boulanger avait précisé « il faudra que son prix soit inférieur au tiers de celui de la traction avant 11 CV », restreignant alors les choix des concepteurs. Toutes les limitations à la liberté des concepteurs-réalisateurs (coût objectif, délai, normes ou obligations techniques) qui ne se justifient pas par des considérations fonctionnelles seront appelées *contraintes de réalisation*.

Pour résumer

Vous n'êtes pas trop perdu ? Récapitulons :

Un utilisateur exprime un *besoin*, qui se décline en *fonctions de service*.

Les fonctions de service se classent en trois catégories :

- les *fonctions d'usage* (besoins objectifs) ;
- les *fonctions d'estime* (besoins subjectifs) ;
- les *fonctions contraintes* (réactions à l'environnement du produit).

À cela s'ajoutent les *contraintes de réalisation* (non liées aux fonctions du produit).

Tout cet ensemble forme l'expression du besoin, formalisée dans le *cahier des charges fonctionnel*.

Aux concepteurs et réalisateurs maintenant de traduire les fonctions de service en *fonctions techniques*, puis en *solutions*, en tenant compte des contraintes de réalisation.

Nous vous conseillons d'effectuer dès maintenant le test qui figure à la fin de cet ouvrage p. 143, pour vérifier que vous avez bien saisi les différences entre toutes ces notions.

Périmètre du cahier des charges fonctionnel

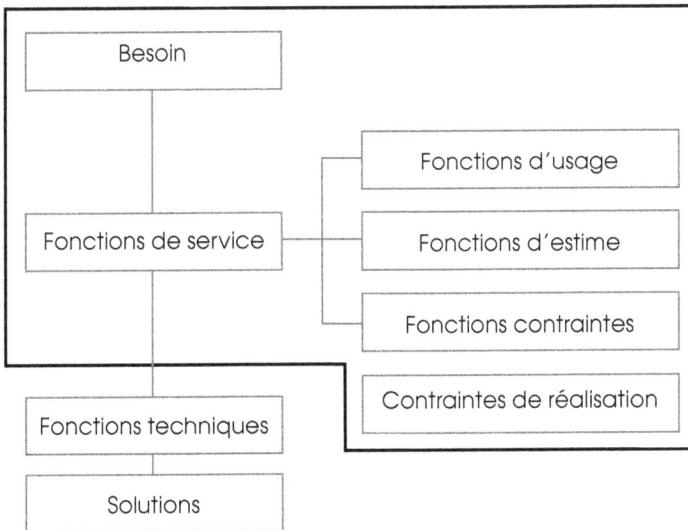

La mise en forme du besoin

Donner la liste des fonctions de service ne suffit cependant pas pour exprimer complètement un besoin.

Pierre Boulanger a en plus précisé les performances attendues pour chaque fonction (60 km/h, 3 litres aux 100 km…) et leur importance respective (« le point de vue esthétique n'a aucune importance »).

La caractérisation des fonctions par des critères de performance et leur hiérarchisation sont des étapes essentielles de l'élaboration du cahier des charges fonctionnel. Elles seront présentées respectivement dans les pratiques n° 7 et 8.

Vous trouverez à la fin de cette pratique une ébauche de cahier des charges fonctionnel (l'ensemble doit tenir sur une page A4). Prenez soin de rédiger des phrases compréhensibles par une personne non familiarisée avec la technique.

Les leçons de l'expérience

Exprimer un besoin en quelques phrases, sans dépasser une page et sans évoquer de solutions, c'est-à-dire réaliser l'inventaire des fonctions à satisfaire, est un acte fondateur de l'analyse des besoins.

L'ébauche de cahier des charges fonctionnel présentée ci-après sera bien sûr précisée, détaillée au cours de l'avancement du projet, mais restera le document de référence. Le fait qu'il ne comporte pas de solutions est un excellent stimulant pour l'innovation.

Trois écueils à éviter

Tomber dans le piège de la technique
Ne vous enfermez pas dans les fonctions techniques, dans les solutions : remontez toujours jusqu'au besoin.

Être trop générique
Une expression de besoin ne peut se résumer à « satisfaire les besoins des utilisateurs », vous devez être plus précis.

Décrire l'existant
Où est alors l'innovation ?

Trois conseils à méditer

Mettez-vous à la place de l'utilisateur.
Imaginez ses réactions, ses attentes, ses insatisfactions : c'est lui que vous cherchez à satisfaire en premier.

Soyez synthétique.
Exprimez les besoins en quelques phrases, sans entrer dans les détails.

Distinguez toujours l'univers des besoins de celui des solutions.
Rappelez-vous que l'utilisateur, quoi qu'il en dise, achète et exploite des fonctions et non des solutions.

Ébauche de cahier des charges fonctionnel

Nous prendrons ici l'exemple d'un sèche-cheveux pour illustrer les différentes rubriques.

L'objet étudié	Désigner l'objet (produit, service, prestation, équipement) que l'on souhaite étudier *Sèche-cheveux pour particuliers destiné à être emporté en voyage*
L'utilisateur	Désigner l'utilisateur principal, celui pour lequel on crée l'objet Préciser ses principales caractéristiques *Particulier (et donc pas un coiffeur professionnel)*
Le besoin fondamental de l'utilisateur	En quelques mots, préciser le besoin fondamental de l'utilisateur que l'on cherche à satisfaire à travers l'objet étudié *Disposer d'un objet plaisant pour se sécher les cheveux afin d'avoir une belle chevelure et de se sentir bien*
Les principales fonctions	Des fonctions d'usage (services attendus), des fonctions d'estime (aspects subjectifs), des fonctions contraintes (réactions, résistances, adaptations par rapport à l'environnement) Attention, ici pas de solutions, pas de description du fonctionnement *Sécher les cheveux* *Être maniable* *Se ranger* *Se transporter* *Être attractif* *Assurer du confort vis-à-vis des sens (ouïe, odorat…)* *Résister à l'environnement* *Respecter l'environnement* *Assurer la sécurité* *Recueillir l'énergie*
Les contraintes de réalisation	Délais, coût objectif, normes, impositions… soit tout ce qui va limiter la liberté des concepteurs *Coût* *Délai de réalisation* *Procédé imposé : soufflage d'air chaud*

Déterminer les fonctions

Histoire vécue

Georges est acheteur chez un constructeur automobile.

La rentabilité du dernier modèle lancé étant décevante, la direction vient de s'engager dans un vaste programme de réduction des coûts.

Des équipes de travail pluridisciplinaires sont créées. Leur mission est d'examiner tous les postes de coûts et de proposer des solutions pour les réduire. Elles ont trois mois pour réussir ; rien ne doit être laissé de côté.

Georges est contributeur achats dans l'équipe chargée de s'occuper des équipements de carrosserie. Consciencieux et tenace, plein de bon sens, c'est un homme qui reste sceptique devant les grandes théories tant qu'elles n'ont pas été mises en pratique.

Très méthodique, il a établi la nomenclature de tous les équipements dont il a la responsabilité, et s'est procuré les cahiers des charges. Une expérience récente l'a mis sur une piste : la chasse aux « surspécifications ».

Lors d'une conférence sur les nouvelles méthodes d'achat à laquelle il a assisté, il a en effet été très frappé par un cas cité par le présentateur. Le dispositif de commande du jet d'un produit à nettoyer les vitres est manipulé en tout et pour tout 200 fois au cours de sa durée de vie, or il est conçu pour 5 000 manœuvres, et testé pour 15 000. Le présentateur concluait ainsi : « Le fleuve des coûts prend sa source aux spécifications. »

Georges épluche donc les cahiers des charges pour traquer la surspécification. Justement, l'examen attentif de celui du joint d'étanchéité de la lunette arrière lui montre qu'il est dimensionné pour une étanchéité totale à 120 km/h.

Il en fait part à l'un de ses collègues :

« Tu te rends compte, 120 km/h en marche arrière : on n'a jamais vu ça ! Pas étonnant que ce joint coûte cher… À ton avis, à quelle vitesse maximale roule-t-on en marche arrière ?

— Je ne sais pas… 10 ou 20 km/h ?

— Prenons 50 km/h, cela nous laisse une marge de sécurité. Je contacte tout de suite le fournisseur pour connaître l'impact de cette modification. »

Aussitôt dit, aussitôt fait, Georges demande une étude au fournisseur, qui lui répond rapidement : « À 50 km/h, vous savez, on peut gagner 20 % de matière. Au prix où elle est, c'est vraiment avantageux. La modification n'est pas énorme : il suffit de revoir les tolérances et de redessiner la forme extérieure du joint. Je vous envoie un croquis avec un premier chiffrage. »

Dès réception des documents, Georges calcule le gain : en tenant compte des quantités produites, cela représente une jolie somme ! Il va pouvoir proposer cette modification à la prochaine réunion de l'équipe.

Le moment venu, très fier, il présente sa suggestion.

Silence gêné de ses collègues… Georges est déconcerté.

Puis l'hilarité gagne doucement l'ensemble de l'équipe, à l'exception de Georges, de plus en plus ahuri. Qu'a-t-il donc pu dire pour susciter de telles réactions ? Son voisin lui explique alors :

« Tu n'as donc pas réfléchi ? Une voiture peut effectivement rouler à 120 km/h en marche arrière. Tu ne vois pas dans quel cadre ?

— Non, pas du tout !

— Avant de l'acheter, où était-elle ?

— Sur un camion, et alors ?

— Eh bien oui, sur le camion ou sur le train qui la transporte de l'usine vers le concessionnaire, si elle est montée à l'envers, c'est comme si elle roulait à 120 km/h en marche arrière.

— Bon sang, je n'y avais pas pensé ! »

Georges reste songeur…

Sa méditation est interrompue par son collègue de la production : « De toute façon, ta proposition n'est pas valable. J'ai examiné ton plan : le rebord de 2 mm que tu as supprimé servait pour la mise en place automatique du joint. Il faudrait donc créer un nouvel outillage, qui nécessiterait au moins deux fois plus de temps au montage. Cela ne nous aurait pas conduits à des économies... »

La mort dans l'âme, Georges est obligé d'abandonner son idée. Voilà comment une solution en apparence économique s'avère finalement plus coûteuse et contribue à dégrader la performance requise. Comment peut-on en arriver là ?

___ **Les points-clés** _____

Georges est parti sur la voie de la solution, sans avoir au préalable pris la peine d'adopter une vision globale de la vie du produit.

Ainsi, il a oublié une phase (le transport) et n'a pas pris en compte une fonction (le montage).

En procédant avec méthode, il aurait pu :
- étudier la vie du produit ;
- réaliser l'inventaire complet de son environnement ;
- établir une liste exhaustive et correcte des fonctions attendues.

Biographie du produit

Tout d'abord, il est nécessaire de préciser l'objet étudié, son utilisateur principal et le besoin fondamental auquel il répond. Nous retrouvons ici les premières rubriques de l'ébauche de cahier des charges fonctionnel décrit dans la pratique précédente. Leur formulation permet à tous les participants au projet d'avoir une vision claire de l'essentiel : « au moins, nous parlons tous de la même chose ».

Par la suite, vous devez identifier les différentes phases que traversera le produit, de sa création à sa fin de vie.

La phase de l'utilisation finale est évidemment fondamentale : c'est bien pour l'utilisateur principal que le produit est créé. Toutefois, les phases qui précèdent et qui suivent sont aussi essentielles. Oublier le transport ou la maintenance peut avoir des conséquences extrêmement néfastes, nous l'avons vu à travers l'histoire de Georges.

D'ailleurs, n'avez-vous pas déjà constaté un manque évident de réflexion quant à la conception d'objets de la vie courante ? Souvenez-vous, sur un certain modèle de voiture, changer une bougie du moteur nécessitait un outillage spécifique et… beaucoup de temps et d'efforts.

Pour éviter ce genre de déboires, vous vous intéresserez, pour le produit réalisé :

- à son transport et à son stockage, soit à son environnement logistique ;
- à sa commercialisation (elle pourra imposer des fonctions d'estime, par exemple l'attractivité) ;
- à son installation, à sa mise en œuvre et à son intégration éventuelle dans un ensemble plus vaste (pensez au montage d'un équipement sur un véhicule, à la mise en service d'une machine à laver…) ;
- à son utilisation finale, bien entendu ;
- à son exploitation (modifications, extensions, entretien, réparations, vérifications…) ;
- à la fin de sa vie (recyclage, destruction).

Toutes les phases de vie ne seront pas forcément à retenir, cet inventaire doit être réalisé au cas par cas.

Pour les plus pertinentes, vous pourrez préciser, si vous souhaitez être exhaustif :

- les intervenants (par exemple le grossiste dans la phase de vie « stockage ») ;
- les attentes (rotation rapide des stocks) et leurs conséquences sur le produit (encombrement réduit, identification facile).

Nous n'avons pas évoqué ici la phase de vie « fabrication ». Or il ne faut pas l'oublier, car elle peut imposer des contraintes de réalisation. Toutefois, l'approche fonctionnelle privilégiant les phases de vie relatives à l'utilisation du produit, nous préférons la traiter à part. Nous verrons plus loin une liste type de contraintes de réalisation.

Analyse de l'environnement du produit

Comment s'assurer de n'avoir rien oublié ?

L'ébauche de cahier des charges fonctionnel présentée dans la pratique précédente n'est pas suffisante pour identifier toutes les fonctions sur l'ensemble du cycle de vie d'un produit. Aussi préconisons-nous une démarche systématique d'inventaire des fonctions.

Le principe est le suivant : une fonction s'exprime sous la forme d'une relation entre l'objet étudié et un des éléments de son environnement. La démarche va donc consister à lister les interactions entre l'objet étudié et les éléments de son environnement.

Le schéma de base, dénommé « araignée[1] », place l'objet étudié au centre et les « interacteurs » à la périphérie. Voici un exemple pour le sèche-cheveux.

Environnement du sèche-cheveux

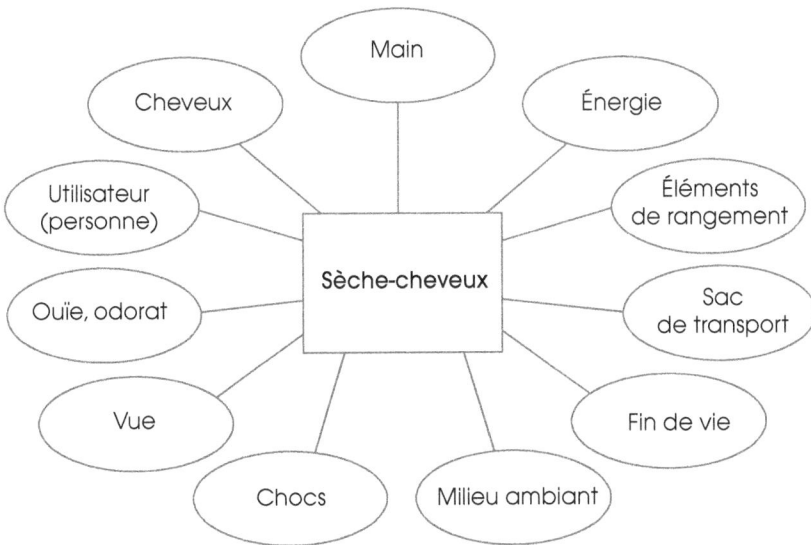

_____

1. D'autres dénominations, plus ou moins poétiques, sont couramment utilisées : rosace, marguerite, pieuvre, diagramme de contexte, schéma d'interacteurs…

Pour un produit matériel (objet, équipement), les interacteurs peuvent être :

- des éléments « humains » (utilisateurs, intervenants, éventuellement « déclinés » : main, vue…) ;
- des éléments matériels (autres objets, supports…) ;
- des interfaces (source d'énergie) ;
- des éléments contraignants (chocs, éléments corrosifs…).

Par exemple, pour le sèche-cheveux, les interacteurs se répartiront ainsi :

Éléments « humains »	L'utilisateur (en tant que personne)
	Les cheveux, le cuir chevelu, la tête
	La main
	L'ouïe, l'odorat
	La vue
Éléments matériels	Les éléments de rangement (tiroir)
	Le sac de transport
Interfaces	L'énergie
Éléments contraignants	Le milieu ambiant
	Les chocs
	Les contraintes d'environnement en fin de vie

Pour un produit immatériel (prestation, service, organisation), les interacteurs peuvent être :

- des utilisateurs (personnes ou entités : utilisateur principal, autres utilisateurs) ;
- des partenaires (fournisseurs, exploitants) ;
- des moyens externes ;
- des éléments contraignants (locaux, perturbations, réglementation…).

Environnement d'un centre de renseignements téléphoniques

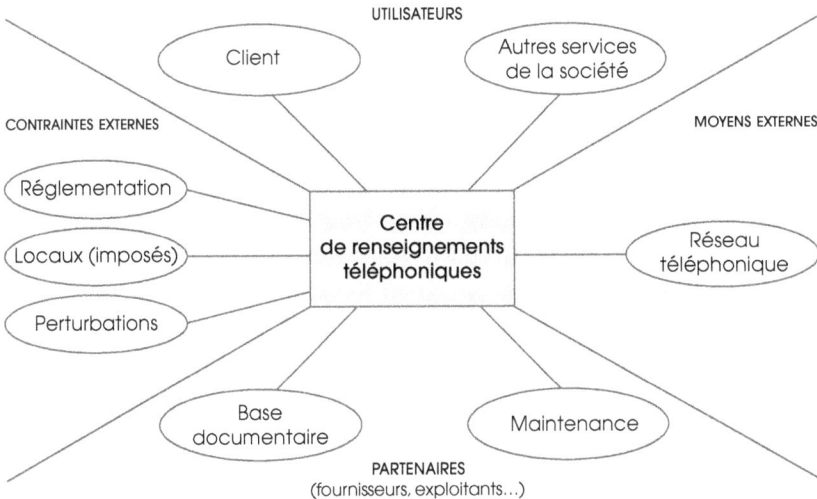

En tout état de cause, les constituants internes à l'objet étudié, les moyens internes, ne figurent pas dans l'environnement : ils sont intégrés dans le « pavé » central.

Pour le sèche-cheveux par exemple, le moteur, la turbine, la résistance ou la poignée ne sont pas précisés. De même, pour le centre de renseignements téléphoniques, les standardistes, les agents de renseignements, le matériel qu'ils utilisent n'apparaissent pas.

Comment employer cette méthode pour prendre en compte l'ensemble du cycle de vie ?

Tout dépend de la complexité de l'objet étudié :

- pour un cas complexe (système, équipement industriel…), établissez une « araignée » par phase de vie (logistique, installation, utilisation, maintenance, évolutions…) ;
- pour un cas moins compliqué (produit simple d'usage courant : par exemple le sèche-cheveux), contentez-vous d'une « araignée » unique regroupant toutes les phases de vie.

Rédiger une liste complète des fonctions

Une formulation simple

Dans cette méthode, une fonction (de service) se définit comme une relation entre l'objet étudié et un élément de son environnement. Elle est exprimée :

- soit en termes d'action correspondant à un service attendu (« le stylo laisse une trace sur la feuille de papier »), c'est le cas des fonctions d'usage et des fonctions d'estime ;
- soit en termes de réaction, de résistance ou d'adaptation (« le stylo résiste aux chocs »), c'est le cas des fonctions contraintes.

Il est bien entendu que nous ne parlons plus maintenant que de fonctions de service[1] *(cf. pratique n° 3). L'expression des besoins ne se traduit en effet qu'en fonctions de service (et en contraintes de réalisation), et non en fonctions techniques.*

En tout état de cause, la relation est formulée comme une finalité (« laisser une trace ») et non un moyen (« déposer de l'encre »).

Les fonctions seront formulées en une phrase composée :

- d'un sujet (l'objet étudié), ici « le stylo » ;
- d'un verbe exprimant la relation, ici « laisse une trace » ;
- d'un complément (l'élément de l'environnement considéré), ici « sur le papier ».

La formulation de la fonction est indépendante des moyens, des solutions susceptibles de la réaliser : ni l'encre ni la plume ne sont ici évoquées. Elle ne doit pas non plus décrire l'action réalisée, mais l'action attendue : ne dites pas « faire du bruit », mais « ne pas faire de bruit », ou plutôt « respecter l'ouïe » (privilégiez les formulations positives).

Enfin, simplifiez au maximum les phrases en évitant les auxiliaires (préférez « sécher les cheveux » à « doit pouvoir permettre de sécher

---

1. Pour simplifier, nous écrirons simplement *fonction* par la suite. Sauf indication contraire, il s'agira exclusivement de fonctions de service.

les cheveux ») et optez pour une formulation neutre (supprimez les indications telles que « facilement » ou « rapidement », sources d'interprétation et de confusion). Vous ne définirez qu'ultérieurement les critères de performance attendus pour chaque fonction (vitesse, consommation…). Nous reviendrons sur ce sujet dans la pratique n° 7.

Voici regroupées dans le tableau ci-dessous les fonctions d'un sèche-cheveux selon l'élément de l'environnement qui interagit (il peut y avoir plusieurs fonctions vis-à-vis d'un même interacteur).

Élément de l'environnement (interacteur)	Fonctions
Cheveux	Sécher les cheveux (et non « souffler de l'air chaud », qui est une solution, un moyen)
Main	Être maniable
Élément de rangement (trousse)	Se ranger dans une trousse
Vue	Être identifiable visuellement
	Être attractif
Utilisateur	Assurer la sécurité de l'utilisateur
Sac de voyage	Se transporter dans un sac
Ouïe, odorat	Respecter les sens
Chocs	Résister aux chocs
Milieu ambiant	Résister au milieu ambiant
Énergie	Recueillir l'énergie
Fin de vie	Respecter l'environnement

S'il est nécessaire d'établir une « araignée » par phase de vie, nous vous conseillons de commencer par la phase d'utilisation, puis de compléter la liste par l'examen des autres phases, pour constituer à la fin une liste unique de fonctions.

Un classement par type

Une fois votre liste complète établie, classez les fonctions en trois catégories (fonctions d'usage, fonctions d'estime, fonctions contraintes) pour faciliter leur lecture.

Si la liste est trop longue (plus de quinze fonctions), elle ne sera pas facilement exploitable. Regroupez alors les fonctions par famille, afin d'obtenir une liste de fonctions se décomposant de manière arborescente en sous-fonctions.

Résister aux agressions extérieures	Résister aux chocs Résister à la corrosion Résister aux radiations

Vous ajouterez enfin à votre liste les contraintes de réalisation. En voici quelques exemples, pour un produit ou un équipement industriel :

- la technologie ;
- l'infrastructure de réalisation ;
- les matériaux ;
- le milieu institutionnel (lois, réglementations, normes) ;
- le milieu social (le personnel) ;
- la durée de vie ;
- le coût ;
- la disponibilité ;
- la fiabilité ;
- la standardisation…

Les leçons de l'expérience

Déterminer les fonctions d'un produit nécessite de procéder avec méthode :

- « plantez le décor » de la vie du produit, en partant de l'ébauche de cahier des charges fonctionnel présentée dans la pratique précédente, et en identifiant les phases de vie ;
- réalisez l'inventaire complet de l'environnement du produit, grâce à l'« araignée » ;
- établissez la liste complète des fonctions de service du produit, en vous appuyant sur l'inventaire effectué, puis classez-les par catégorie (fonctions d'usage, fonctions d'estime ou fonctions contraintes) en les regroupant éventuellement.

Attention, il est facile de faire des impasses, car les éléments à considérer sont nombreux. Prenez donc le temps nécessaire, remettez si besoin l'ouvrage sur le métier plusieurs fois et surtout n'essayez pas de tout réaliser vous-même, mais associez les différentes parties prenantes. Le cahier des charges fonctionnel se construira ainsi progressivement.

Trois écueils à éviter

Aller trop vite
Vous risquez d'oublier des phases de vie et des fonctions.

Vouloir tout faire seul
Cela peut vous conduire à imaginer des fonctions qui n'ont pas lieu d'être.

Être trop vague
Formuler les fonctions d'une manière trop imprécise est source de confusion et d'interprétation.

Trois conseils à méditer

Construisez progressivement le cahier des charges fonctionnel.
Formuler les fonctions est un acte trop important pour ne pas y passer le temps nécessaire.

Confrontez les avis, les expériences.
Impliquez toutes les parties prenantes dès que possible.

Soyez créatif.
C'est le moment d'imaginer des applications nouvelles.

La fiche araignée

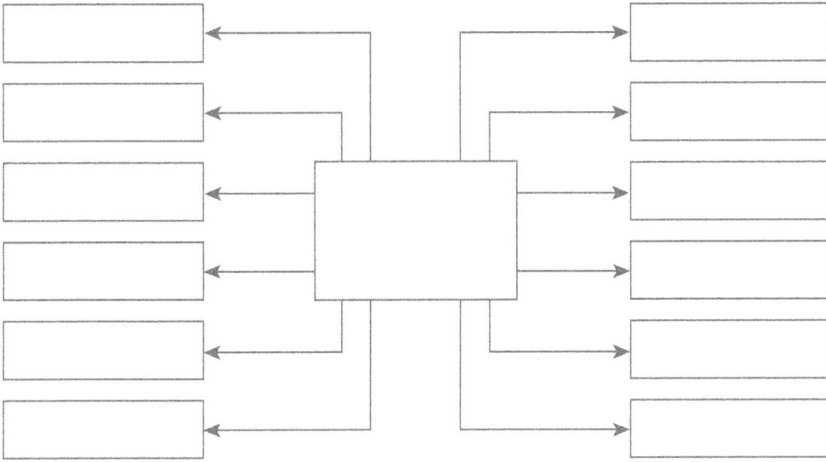

S'inspirer de l'existant

Histoire vécue

Hugues est ingénieur au bureau d'études d'une société qui conçoit et fabrique des machines-outils de précision.

Cette entreprise a toujours souhaité être à la pointe de l'innovation : apporter un « plus » aux clients est sa préoccupation principale. Cette volonté lui permet de se différencier en permanence de la concurrence.

Le modèle le plus vendu en est à la huitième génération et aujourd'hui s'engage le développement de la neuvième : l'entreprise va de l'avant.

Hugues est chargé du projet. Homme d'action et de décisions rapides, leader-né, il n'aime pas tergiverser et progresse toujours résolument ; aussi se sent-il à sa place dans cette société. Il aurait même parfois tendance à travailler seul sans trop tenir compte de son environnement…

Adepte de l'innovation radicale, il se tourne toujours vers l'avenir ; ne pas se préoccuper de l'existant, partir d'une page blanche, telle est sa devise.

Or l'équipe des automaticiens vient de mettre au point un automate de pilotage utilisant les derniers raffinements de la technologie. La cause est entendue : la prochaine génération sera celle du pilotage numérique.

Le développement s'engage sur ces bases : intégrer l'automate aux machines. Cette option ayant l'avantage de ne pas conduire à une refonte de la mécanique, la nouvelle génération pourra être sur le marché au plus vite. L'idéal serait de pouvoir exposer un prototype au prochain salon qui a lieu dans six mois.

Le leadership naturel d'Hugues fait merveille, les équipes travaillent d'arrache-pied et malgré quelques inévitables aléas, l'objectif est atteint : la machine va pouvoir être prête à temps. Il n'y a plus qu'à attendre les réactions des clients, qui seront — le chef de projet n'en doute pas — très enthousiastes.

Dès l'ouverture du salon, Hugues est là : il présente, il argumente, il procède à des démonstrations... et déchante rapidement.

Voilà quelques extraits du florilège de critiques qu'il reçoit :

*   « Visiblement, vous n'avez pas amélioré l'ergonomie de vos machines, alors que nous vous le demandons depuis des années. »
*   « C'est quand même malheureux, cette fuite en avant dans la technique ! »
*   « On dirait que vous ne cherchez même pas à améliorer les défauts actuels de vos machines... »
*   « Vous savez, vos concurrents s'y sont mis aussi, au pilotage numérique. Vous devriez jeter un œil aux alentours ! Sur quel point vous différenciez-vous ? »
*   « Cela a l'air compliqué, je ne vois pas mes opérateurs commander cette machine. S'il faut maintenant un Bac + 5 pour la faire tourner... »
*   « Payer plus cher pour avoir la dernière technique à la mode, ce n'est pas notre genre. »
*   « Nous, nous voulons des machines rustiques, fiables et ergonomiques. »
*   « Non, décidément, ce n'est pas cette fois-ci que nous irons nous fournir chez vous. »

Visiblement, les clients ont l'air réfractaires à l'innovation technologique telle que la conçoit Hugues. La leçon du salon est sans appel.

Dès son retour, Hugues est convoqué par la direction qui lui ordonne de revoir le développement du dernier modèle en s'appuyant sur ce qu'il a entendu : priorité à la simplicité et à l'ergonomie. Il doit avant tout remédier aux défauts des machines actuelles au lieu d'innover coûte que coûte, surtout si les concurrents font de même. Ses interlocuteurs ne se gênent pas pour lui signifier qu'il a déjà perdu six mois...

« Regardez donc autour de vous, au lieu de partir tout seul dans la direction qui vous convient », lui dit-on.

___ **Les points-clés** _____

Trop préoccupé par le fait d'innover à tout prix, Hugues s'est enfermé dans sa « bulle » et n'a fait appel à personne pour valider son idée. Il aurait dû se préoccuper davantage de la satisfaction des clients.

Pour détecter l'origine des mécontentements, il aurait pu :

- mener une analyse critique de l'existant ;
- mesurer le niveau de satisfaction des fonctions ;
- réaliser une analyse comparative de la concurrence.

L'analyse critique de l'existant

S'il est primordial de compléter le cahier des charges fonctionnel en précisant les fonctions et leurs critères, cet acte est difficile à réaliser d'emblée. Inspirez-vous tout d'abord de l'existant, vous gagnerez du temps et éviterez de faire fausse route (enfermement dans la technique, dans l'innovation à tout prix…).

Définissez tout d'abord les fonctions que le produit, à créer ou à faire évoluer, doit assurer.

Menez ensuite une analyse critique du produit actuel ou d'un produit analogue. Le but est de comprendre son fonctionnement et d'identifier les choix qui ont présidé à sa conception. Vous disposerez ainsi d'une base de connaissances essentielle pour éviter de commettre à nouveau les mêmes erreurs.

Cette analyse descriptive est à mener avec le ou les experts des technologies mises en œuvre. Elle commence par un découpage du produit en sous-ensembles homogènes (quinze au maximum, il sera toujours possible de réaliser ensuite une analyse plus fine sur un sous-ensemble particulier). Pour le sèche-cheveux par exemple, il s'agit du corps, de la poignée, du moteur, de la turbine, de la résistance chauffante, du cordon d'alimentation, etc.

Chaque sous-ensemble fait ensuite l'objet d'un questionnement détaillé. Les phrases en italique dans la suite du texte se réfèrent à l'exemple du sèche-cheveux pour le sous-ensemble « turbine ».

Les aspects descriptifs

Comment est réalisé le sous-ensemble ? Quelle forme a-t-il ? En quelle matière est-il ? Selon quel procédé a-t-il été fabriqué ? *Turbine à trois pales en polyamide injecté de couleur noire.*

Comment fonctionne-t-il ? Décrivez en quelques phrases son fonctionnement, les actions réalisées, les mouvements. *La turbine est entraînée par le moteur, elle aspire et souffle l'air sur la résistance chauffante.*

Qu'en est-il des produits analogues ou concurrents ? En quoi sont-ils différents ou similaires ? *Tous ont une turbine, dont la forme et la matière sont légèrement différentes.*

Les aspects fonctionnels

À quoi sert le sous-ensemble ? Quelles sont ses fonctions élémentaires ? *Recevoir le mouvement du moteur ; tourner sur son axe ; aspirer et souffler l'air.*

À quelle(s) fonction(s) du produit dans son ensemble peut-on le rattacher ? *La turbine contribue directement à la fonction « sécher les cheveux ». Elle participe aussi indirectement aux fonctions « résister aux chocs », « résister à l'ambiance » et « respecter l'environnement ».*

Les aspects problématiques

Quelles sont les raisons qui ont conduit à choisir cette conception ? Pourquoi a-t-on opté pour cette forme, cette matière, ce procédé ? *Pas de raisons particulières, ce sont les pratiques habituelles de la conception.*

S'il existe des différences avec les produits analogues ou concurrents, comment se justifient-elles ? *Pas de différences fondamentales significatives.*

Y a-t-il des problèmes sur ce sous-ensemble ?

Lors de la fabrication : présente-t-il des problèmes de qualité, de fiabilité, de mise au point de coût ? *On signale des rebuts lors de l'emmanchement sur l'axe.*

Lors de l'utilisation : a-t-il des inconvénients ? Des insatisfactions ont-elles été signalées ? *La turbine génère un bruit et un sifflement très désagréablement perçus.*

Les orientations

Compte tenu de tout ce qui a été constaté, que pourrait-on faire ? Vers quoi s'orienter lors d'une nouvelle conception : une suppression, une amélioration, une évolution… ? *Revoir l'emmanchement sur l'axe pour éviter les rebuts. Revoir la forme des pales pour éviter les bruits.*

Menée avec rigueur et suffisamment de recul et de sens critique, cette démarche d'analyse descriptive se révèle très efficace.

Les données recueillies sont mises en forme sur une *fiche d'analyse descriptive*. Ce document permet de garder une trace des informations et de disposer d'une base de connaissances très appréciable.

Des utilisateurs plus ou moins satisfaits

Comprendre le fonctionnement d'un produit, même de manière critique, ne suffit pas : vous devez également connaître le point de vue des utilisateurs. Sont-ils satisfaits ou mécontents ? Il faut même approfondir la question, car ces termes sont trop vagues : un utilisateur peut être satisfait par un aspect du produit, et non par un autre.

Une analyse plus fine, fonction par fonction et même critère de performance par critère de performance, est indispensable pour établir un *profil de satisfaction*.

Une échelle à quatre niveaux

Chaque fonction réalisée par le produit sera ainsi examinée selon chacun de ses critères de performance et notée sur une échelle à quatre niveaux.

+ + *Trop*

Sur ce critère, le produit actuel est en « surqualité », il réalise plus que ce qui est demandé.

La grille qui se trouve à l'arrière du sèche-cheveux et qui empêche l'aspiration de corps étrangers a des mailles deux fois plus fines que ne l'exigent les normes de sécurité. Sur le critère « taille des corps étrangers retenus », la fonction « assurer la sécurité » est « trop ».

+ *Bien*

Sur ce critère, le produit actuel est conforme aux attentes.

Le sèche-cheveux tient bien en main, son poids est correct. Sur les critères « tenue en main » et « poids », la fonction « être maniable » est « bien ».

– *Médiocre*

Sur ce critère, le produit actuel ne donne pas satisfaction, mais la performance fournie reste encore tolérable (dans la zone de flexibilité, selon le vocabulaire de la pratique n° 7).

Le temps de séchage est trop long. Les utilisateurs s'en accommodent, mais préféreraient un séchage plus rapide. Sur le critère « temps de séchage », la fonction « sécher les cheveux » est « médiocre ».

– – *Mal*

Sur ce critère, le produit actuel ne donne pas du tout satisfaction.

Le sèche-cheveux fait un bruit intolérable. Sur le critère « intensité des bruits », la fonction « respecter les sens » est « mal ».

Deux positions supplémentaires

Peuvent être ajoutées à cela les positions :

- non demandé (le produit réalise une fonction non demandée, inutile), *le sèche-cheveux est réparable* ;
- non réalisé (le produit ne réalise pas une fonction pourtant demandée), *le sèche-cheveux ne peut pas être accroché au mur.*

Obtenir et présenter ses résultats

L'évaluation des critères de performance pour chaque fonction peut être obtenue de différentes façons :

- par interrogation directe des utilisateurs ou de ceux qui les représentent (à privilégier pour les fonctions d'usage et les fonctions d'estime). Attention, ne vous laissez pas prendre au piège classique consistant à surévaluer la satisfaction comme l'insatisfaction ;

- par essais, tests et mesures (à privilégier pour les fonctions contraintes) ;
- par « dires d'expert », si le produit est encore à l'état de projet.

Présenté de manière graphique et synthétique[1], le profil de satisfaction montre les voies d'amélioration prioritaires :

- perfectionner les fonctions mal satisfaites (*réduire le bruit du sèche-cheveux, diminuer le temps de séchage*) ;
- créer les fonctions non satisfaites (*permetttre l'accrochage au mur*) ;
- réduire les fonctions trop bien satisfaites (*redimensionner la grille de sécurité selon les exigences des normes*) ;
- supprimer les fonctions non demandées (*renoncer à la réparabilité*).

Le profil de satisfaction sera plus parlant si les fonctions sont présentées par ordre décroissant d'importance, les priorités ressortent alors plus nettement. Nous y reviendrons dans la pratique n° 8.

L'analyse comparative de la concurrence

La concurrence est une source principale d'inspiration : le benchmarking, ou étalonnage concurrentiel, est d'ailleurs aujourd'hui complètement entré dans les mœurs.

Néanmoins, il se réduit trop souvent à une observation passive de la concurrence directe (une sorte de « benchmarking imitatif »), qui conduit à une attitude de « suiveur » peu propice à l'innovation.

Pour éviter ce travers, examinez tout d'abord la concurrence élargie, et non seulement les produits analogues. Remontez jusqu'aux besoins pour identifier les autres façons de les satisfaire. Ainsi, pour une automobile, ne vous contentez pas d'étudier les autres types de voitures, prenez aussi en compte les différents moyens de transport possibles : à pied, en vélo, par les transports en commun...

Raisonnez ensuite en termes de fonctions et non de moyens ou de solutions : c'est la seule façon de comparer entre elles des réponses techniquement différentes au même besoin. Ainsi, un détecteur de

---

1. *Cf.* pratique n° 8.

présence peut agir par détection volumétrique, par infrarouge, par ondes radar, etc., sa fonction sera toujours la même : « détecter une présence ».

Enfin, situez les résultats obtenus sur une échelle de satisfaction, comme pour le profil de satisfaction, en mettant en évidence les niveaux « non demandé » et « non réalisé ». Vous pourrez aussi compléter la liste des fonctions par d'autres critères de préférence, le prix, les conditions contractuelles, etc. Les résultats obtenus pourront être présentés dans un tableau similaire à celui du profil de satisfaction.

Ce diagramme de comparaison met en évidence les zones de différenciation avec la concurrence : sur quels points êtes-vous meilleur ? Équivalent ? Plus faible ? Vous pourrez alors repérer facilement les éléments sur lesquels porter prioritairement les efforts de conception ou d'amélioration.

Les leçons de l'expérience

Les produits existants sont une source d'inspiration à étudier attentivement. Une démarche et des outils méthodiques vous seront très utiles :

- l'analyse critique de l'existant, avec son questionnement systématique (descriptif, fonctionnel, problématique), aboutit à des orientations ;
- la mesure du niveau de satisfaction des fonctions (profil de satisfaction) vous mènera à repérer les fonctions trop, bien, médiocrement ou mal satisfaites, et même les fonctions non demandées et non réalisées ;
- l'analyse comparative de la concurrence élargie, sous l'angle des fonctions et non des solutions, vous conduira à élargir le profil de satisfaction aux réponses concurrentes.

Toutefois, ne restez pas prisonnier de l'existant : le but est de s'en inspirer pour mieux le dépasser.

Trois écueils à éviter

Se noyer dans les détails
Les experts tombent fréquemment dans ce piège. Revenez toujours aux fonctions.

Exagérer les insatisfactions ou les bonnes performances
Restez lucide en sollicitant les utilisateurs avec méthode.

Copier, imiter passivement
Cherchez toujours à vous différencier.

Trois conseils à méditer

Ne vous enfermez pas dans l'expertise.
Restez curieux, posez des questions en gardant toujours à l'esprit votre but.

Interrogez sans juger.
La remise en cause peut être mal vécue, or vous ne
cherchez pas des responsabilités.

Tenez-vous en aux faits.
Méfiez-vous des opinions préconçues : vérifiez, argu-
mentez.

Les outils d'analyse de l'existant

La fiche d'analyse descriptive

Sous-ensemble :	
Coût :	
Aspects descriptifs	
Aspects fonctionnels	
Aspects problématiques	
Orientations	

Le profil de satisfaction (et le diagramme de comparaison)

Fonctions (par ordre d'importance)	Critères	Non demandé	Cotation				Non réalisé	Commentaires
			++	+	−	− −		

Écouter les clients

Histoires vécues

Claude est chef de produit dans une fromagerie qui élabore des spécialités vendues en grande surface.

Un des produits phares de la société, un fromage frais présenté en barquette de 200 grammes, est en perte de vitesse, concurrencé par des marques de distributeurs. Il faut impérativement le repenser, pour réduire son coût et trouver un moyen d'augmenter sa valeur perçue (sans toutefois modifier sa recette de façon significative). C'est principalement sur le packaging que portera cette « reconception ».

Claude est désigné pour prendre en charge le projet : il a une grande expérience du marketing et connaît bien son affaire.

Sûr de lui, il constitue un groupe pluridisciplinaire dans lequel toutes les fonctions de l'entreprise qui contribuent à la réalisation du produit sont représentées : le marketing, bien sûr, la recherche et développement, les achats, la fabrication, le conditionnement, la qualité et le commercial.

Le groupe engage ses travaux et commence par définir les fonctions que le consommateur attend du produit lorsqu'il le trouve en magasin. La liste est vite faite : « nourrir » et « donner du plaisir gustatif » sont les deux fonctions principales, on trouve aussi les fonctions « se conserver », « se consommer » et, bien entendu, « être attractif ».

Or cette dernière, qui est une fonction d'estime, est jugée critique par le groupe projet. En effet, les linéaires des magasins sont encombrés de fromages équivalents et il est nécessaire d'« accrocher » immédiatement le consommateur.

Le constat unanime est que la barquette qui contient le fromage est d'une esthétique dépassée : elle présente des formes anguleuses, rectangulaires, alors que la mode est aux lignes rondes et élancées (qui évoquent la sensualité selon le marketing).

La priorité saute aux yeux : il faut créer une nouvelle barquette.

« Et si nous demandions leur avis aux consommateurs ? propose le représentant de la qualité.

— Inutile, répond Claude, nous avons toutes les études en main, nous ne pouvons pas nous tromper. Nous n'allons pas encore dépenser du temps et de l'argent pour finir par constater ce que nous savons déjà... »

Impressionné par l'assurance du chef de projet, le représentant de la qualité se tait. Les autres membres du groupe n'osent rien dire non plus : ils ont beau appartenir à un groupe pluridisciplinaire, ils ne vont pas faire la leçon au marketing...

Claude organise alors des séances de créativité et consulte une agence de design en packaging. Plusieurs projets de barquette sont proposés, et l'un d'entre eux réunit tous les suffrages. La voilà enfin, cette nouvelle barquette qui va « booster » les ventes !

Présentée au personnel de l'usine et à leurs familles, qui font office de consommateurs, elle suscite leur enthousiasme. Avant de lancer son industrialisation, la direction demande toutefois un test en vraie grandeur en magasin : l'utilisation d'une nouvelle barquette implique des investissements importants, mieux vaut être sûr de son succès.

Au cours du test, les consommateurs placés en situation d'achat ne remarquent même pas la forme et l'esthétique de la barquette : seuls comptent pour eux le prix, le poids et la teneur en matières grasses.

Eh oui, en situation d'achat, le consommateur peut avoir des réactions différentes de celles que nous lui prêtons (ou de celles qu'il a dans un cadre théorique) !

***

Julien est responsable du service après-vente chez un fabricant de machines.

Le projet de développement d'une nouvelle machine plus rapide que l'actuelle est en cours. Un groupe projet a été constitué et Julien en fait partie, comme contributeur.

Élaborer le cahier des charges fonctionnel de la nouvelle machine, telle est la première mission que s'attribue le groupe de travail.

Il serait bon à cet effet de connaître les besoins et les attentes des clients ; aussi Julien est-il chargé de les rencontrer. Les connaissant bien dans le cadre de ses fonctions, il est en effet le mieux placé pour cette tâche. Il organise donc des rendez-vous avec une vingtaine de clients constituant un échantillon représentatif.

L'accueil du premier client est détestable : « Comment osez-vous me parler d'une nouvelle machine alors que vous avez mis trois semaines pour me dépanner lors du dernier incident. J'exige des compensations financières ! »

Julien ne peut aborder plus avant le sujet de la nouvelle machine : il doit avant tout calmer le client, prendre des engagements fermes...

Échaudé, il prend les devants face au deuxième client rencontré, car il ne souhaite pas écouter à nouveau d'éventuelles insatisfactions. À peine arrivé, il argumente sur les avantages que son client aurait à exploiter une machine plus rapide. Encouragé par l'intérêt qu'il croit ressentir, il parle sans arrêt. Lorsque son interlocuteur lui signifie que l'entretien est terminé, car il a une importante réunion dans les minutes qui suivent, Julien s'aperçoit qu'il n'a recueilli aucune remarque.

Lors de son troisième rendez-vous, il se promet de laisser parler le client et de ne pas être trop directif. L'entretien tourne vite à la conversation de salon : les deux hommes échangent des propos aimables sur les avantages et les inconvénients comparés des différents types de machines et sur l'évolution des technologies.

Au quatrième entretien, Julien s'entend dire que les machines actuelles donnent toute satisfaction, et qu'il n'y a rien à changer.

Et ainsi de suite...

Julien revient de sa tournée découragé, sans information pertinente à apporter au groupe projet.

—— **Les points-clés** ————————————————————

Écouter les clients n'est pas si facile.

Il faut tout à la fois poser les bonnes questions, se situer dans un contexte pertinent, ne pas se buter face aux insatisfactions exprimées, créer un climat favorable, impliquer son interlocuteur...

Pour y parvenir, trois règles sont à retenir :
- toujours raisonner en termes de besoins ;
- créer les conditions d'une écoute favorable ;
- adapter son écoute au type de clients.

Toujours revenir aux besoins

Attentes et besoins

Spontanément, un client raisonne rarement en termes de besoin, au sens où nous l'avons défini dans la pratique n° 3 (nécessité ou désir).

Au mieux, il exprime – si on lui demande son avis – des attentes, terme générique recouvrant aussi bien les besoins, les désirs, que les exigences, les remèdes à une situation insatisfaisante, les solutions, etc.

Au pire, il exprime son insatisfaction ou son mécontentement... ou n'exprime rien du tout !

Plusieurs cas peuvent se présenter.

Le client est satisfait

Prenons l'exemple des délais de livraison : s'ils sont satisfaisants, le client n'attend rien. Pourtant le besoin « être livré à l'heure » existe.

Il s'agit d'un besoin implicite, dont le client ne se donne même pas la peine de parler. Si vous ne lui posez pas la question directement, il n'exprimera pas ce besoin, et vous passerez à côté.

Le client est insatisfait

Si un client passe trop de temps dans la queue pour payer à la caisse du magasin, il va exprimer spontanément une insatisfaction : « je passe trop de temps dans la queue ».

Cette insatisfaction peut être reformulée en une attente : « passer moins de temps dans la queue », mais cette attente est en fait liée à la solution actuelle d'organisation des caisses.

Le vrai besoin est : « se procurer des biens en un minimum de temps ».

Si vous vous arrêtez à l'attente exprimée spontanément, vous ne vous détacherez pas de la solution actuelle.

Le client n'a pas conscience des usages qu'il ne connaît pas encore

Dans ce cas, il n'exprime aucune attente. Or ce cas est fréquent : les clients réagissent par rapport à ce qu'ils connaissent et ont les plus grandes difficultés à imaginer d'autres usages.

Qui pouvait envisager il y quinze ans les possibilités offertes par le téléphone mobile ? Il y avait pourtant une attente inexprimée, mais réelle, de communication à distance à tout moment et en tout lieu.

Il faut donc détecter cette attente et proposer des fonctions qui y répondent.

Le client exprime une solution, un moyen

Nous l'avons vu, la confusion entre *solution* et *besoin* est très fréquente.

Ainsi, lorsqu'un client dit « je veux une voiture avec un hayon arrière, des sièges modulables et des écrans pour jeu vidéo ou DVD », son vrai besoin est « je souhaite me déplacer avec mes jeunes enfants et mon gros chien. »

Faire émerger les besoins

Le but est de traduire les attentes en besoins. Un certain recul permet de s'écarter des solutions et de recueillir les besoins implicites ou pressentis.

Voici trois recommandations pour détecter les attentes non exprimées.

Remontez au besoin en demandant systématiquement : « dans quel but ? » Pour revenir à l'exemple cité plus haut, vous auriez pu poser au client la question suivante : « dans quel but souhaitez-vous des sièges modulables ? » Il vous aurait répondu : « afin de faciliter le transport des enfants et de leurs éventuels amis ». De même, « dans quel but souhaitez-vous un hayon ? » : « afin de faciliter l'accès du gros chien. » Une fois de plus, faites remonter le ludion[1].

Par ailleurs, mettez-vous systématiquement dans les conditions adaptées à la situation : la barquette esthétique de Claude, pourtant appréciée par les familles de ses collaborateurs, n'attire pas les clients dans le contexte de l'acte d'achat. Il est donc nécessaire d'observer les clients et de renforcer sa proximité avec eux pour se placer dans les conditions d'utilisation et imaginer des scénarios.

Enfin, projetez-vous dans le futur. Imaginez les évolutions de la clientèle, des usages, des technologies et les besoins nouveaux. Vous pouvez aussi essayer d'envisager la situation idéale. Place à la créativité !

Les conditions d'une écoute favorable

Même si écouter semble facile, ce n'est pas du tout le cas. Combien de fois dit-on « je vous écoute » pour en réalité s'écouter soi-même ? Il est tentant de suivre sa propre pensée et non celle de son interlocuteur.

L'écoute est une démarche active (qui nécessite un effort, une concentration) de compréhension de l'autre. En effet, il ne suffit pas d'entendre, il faut aussi comprendre et accepter la pensée de l'autre, même si elle ne rejoint pas sa propre conception des choses.

Quatre conditions sont à réunir pour instaurer les conditions favorables à une réelle écoute de l'autre.

Créer un climat de confiance

Un climat favorable à l'écoute est un climat de confiance, d'échange équilibré.

Commencez toujours par présenter les participants, puis précisez les limites de la rencontre, afin de mettre en place des « protections » :

------

1. Voir pratique n° 2.

objectif, durée prévue, confidentialité des données échangées, thèmes traités, suites à donner…

Il est important aussi de « donner du sens » à la séance en informant aussi précisément que possible votre interlocuteur sur les buts poursuivis, sur les enjeux du projet, etc.

Questionner

Il n'y a pas d'écoute active sans questionnement.

Interrogez votre interlocuteur, sollicitez-le en permanence, mais sans l'agresser. Un questionnement trop insistant sera perçu comme une attaque, une ingérence ; le client ne doit pas se sentir obligé de se justifier.

Le rythme est également essentiel : un feu roulant de questions n'est pas caractéristique d'un climat d'écoute favorable… Ménagez un minimum d'espaces de silence, ne serait-ce que pour prendre en compte les réponses recueillies.

Enfin, posez vos questions avec souplesse et en restant ouvert, sans vous conformer rigoureusement à une liste préétablie : un entretien d'écoute du client n'est pas un interrogatoire d'identité.

Relancer, approfondir et reformuler

Le déroulement d'un entretien n'est jamais linéaire.

Il est conseillé de commencer par des questions ouvertes, avant d'aborder les questions de relance et d'approfondissement plus précises. Vous passerez ainsi progressivement du général au particulier, des opinions aux faits.

Pensez toujours à reformuler les propos du client : « si j'ai bien compris, votre besoin est de… »

Respecter

Une écoute active implique en permanence une attitude ouverte, sans jugement : acceptez inconditionnellement ce que dit et exprime le client (si ses propos sont inexacts, vous pourrez effectuer une rectification ultérieurement, dans un autre contexte).

Tenez compte des éléments qui lui tiennent à cœur, qui le passionnent, observez attentivement son attitude, tentez de percevoir les non-dits.

Soyez positif : dites et pensez « oui » et « merci ».

Par ailleurs, essayez d'employer ses termes, son langage. Les premiers mots prononcés sont en particulier très révélateurs, et nous ne les écoutons jamais assez.

En fin d'entretien, revenez sur les points importants qui n'ont pas été soulevés.

Adapter son écoute au type de clients

L'organisation optimale d'une démarche d'écoute des clients dépend des situations rencontrées, qui sont très variées : vous adressez-vous à des clients internes, ou vous trouvez-vous dans le modèle *business to business* ou *business to customer* ?

Les clients internes

Les clients internes peuvent être les utilisateurs d'un système informatique, d'un processus, d'un équipement.

Deux formules sont alors possibles pour obtenir leurs besoins : les rencontres directes et le groupe d'expression des besoins. Ces deux méthodes ne sont pas exclusives : il est tout à fait possible d'organiser un groupe d'expression des besoins et de compléter ou de valider les propos recueillis lors d'entretiens individuels. Cette formule est d'ailleurs recommandée si le nombre de personnes à impliquer est élevé ; elle permet de ne pas alourdir exagérément le groupe.

Au cours des rencontres directes, appliquez les principes énoncés précédemment sur les conditions d'une écoute favorable.

Nous étudierons dans la pratique n° 9 les conditions propres au groupe d'expression des besoins.

Les clients de type *business to business*

La mise en place de groupes de clients est toujours possible, mais vous risquez de vous heurter à des problèmes de confidentialité entre représentants d'entreprises concurrentes.

Mieux vaut donc organiser des entretiens individuels. Le nombre de personnes à rencontrer n'est pas forcément très élevé : douze à vingt clients « diversifiés » suffisent en général (au-delà de vingt personnes, l'apport d'informations nouvelles devient marginal).

Les critères de diversité sont variés : segment de marché, type de client (taille, activité…), relation à l'entreprise (clients satisfaits, mécontents, perdus), attitude du client par rapport aux tendances du marché (précurseur, suiveur, retardataire)…

Il est conseillé de « panacher » ces critères : ne rencontrez pas que des clients satisfaits par exemple. Enfin, ne vous éloignez jamais de l'utilisateur final (les intermédiaires sont des sources possibles d'interprétations).

Par ailleurs, préparez soigneusement les entretiens, qui ne devraient pas dépasser deux heures : contact téléphonique, lettre, confirmation de la rencontre, compte rendu.

Nous vous conseillons d'effectuer un petit nombre d'entretiens pilotes (deux à quatre) pour mettre au point la démarche et la valider. Les conditions d'une écoute favorable sont bien sûr à mettre en place.

Attention, un entretien d'écoute des besoins n'est pas :

- une conversation de salon durant laquelle on échange des points de vue ;
- une occasion d'argumenter sur les avantages du produit ;
- un acte de vente.

Les clients de type *business to customer*

Plusieurs formules sont possibles, depuis l'entretien en face à face jusqu'à la réunion de groupe (*focus group*).

L'entretien en face à face se fera dans les conditions de l'écoute favorable définies précédemment. Avec ce type d'interlocuteur (un consommateur), il vous faudra être particulièrement attentif aux besoins implicites, aux attentes liées à des insatisfactions, aux besoins exprimés comme des solutions.

Une formule recommandée, pour un entretien de deux heures au maximum, consiste à balayer :

- le passé (quelles ont été vos expériences, heureuses ou malheureuses, avec les produits ?) ;
- le présent (quels sont selon vous les « plus » et les « moins » des produits actuels ? Quels sont les principaux critères de choix pour vous ?) ;
- le futur (quel serait pour vous le produit idéal ?).

Demandez en permanence à votre interlocuteur quelles images il associe au produit, à son utilisation, aussi bien dans le passé ou le présent que dans le futur.

Pour les réunions de groupe (dix personnes au maximum), nous recommandons des séances courtes (deux à trois heures), animées de façon créative.

Débutez toujours la réunion par une présentation des objectifs et du déroulement de la séance. Il est important ensuite de créer une ambiance, de mettre à l'aise les participants en leur demandant de se présenter de manière personnelle (Qui êtes-vous ? Quel est votre prénom ? Quels sont vos centres d'intérêt dans la vie ?).

La réunion se déroulera comme pour un entretien en tête à tête (passé, présent, futur), mais les questions seront posées de façon collective. Toutes les réponses, toutes les suggestions seront notées.

L'utilisation d'images et du dessin est recommandée : demandez par exemple à de petits groupes de dessiner le produit tel qu'ils le voient aujourd'hui, et tel qu'ils le verraient idéalement.

Les leçons de l'expérience

Organiser l'écoute des clients demande des efforts, du temps et des ressources (y compris parfois le recours à des spécialistes). Cependant, une écoute efficace apporte un gain de temps appréciable et permet d'éviter les interprétations, les fausses routes, et surtout de stimuler l'innovation.

Préparez soigneusement vos rencontres (entretiens en tête à tête ou groupes d'expression des besoins) et instaurez les conditions d'une écoute favorable. Durant l'entretien, raisonnez toujours en termes de besoins : explicitez les besoins implicites, traduisez les insatisfactions en attentes, puis les attentes en vrais besoins. Enfin, prenez du recul par rapport aux solutions et anticipez les besoins futurs.

Trois écueils à éviter

Interpréter
L'écoute est une démarche active de compréhension de l'autre.

Se laisser influencer par les solutions existantes
Restez toujours fonctionnel et remontez aux besoins.

Se laisser influencer par les clients mécontents
Prenez du recul !

Trois conseils à méditer

Laissez votre interlocuteur s'exprimer.
Des questions à un rythme trop soutenu ne favorisent pas l'expression.

Préoccupez-vous de l'utilisateur final.
Attention aux intermédiaires et à leurs interprétations !

Élargissez le contexte d'utilisation du produit.
Pensez aux situations les plus diverses possible.

Les sept points-clés de l'écoute des clients

Créer un climat de confiance	Préciser les limites de la rencontre, lui donner du sens
Questionner	Du général au particulier Des opinions aux faits Toujours avec souplesse et ouverture
Respecter	Faire preuve d'ouverture Ne pas porter de jugement Dire et penser « oui » et « merci » Reformuler Prêter attention aux éléments qui préoccupent particulièrement les clients
Reformuler	Avec les mots de l'interlocuteur Sans interpréter
Remonter aux besoins	Chercher toujours la finalité, et non la solution
Se mettre dans les conditions d'usage	Se mettre « dans la peau du client »
Se projeter dans le futur	Être créatif, proposer une vision de l'avenir

Éviter les surspécifications

Histoire vécue

Hervé est organisateur dans une société d'assurance.

La gestion d'un département de cette entreprise va être optimisée. Le but du projet est d'automatiser au maximum les tâches des rédacteurs du département, afin d'augmenter leur efficacité et d'améliorer leurs conditions de travail. Un système informatique doit être conçu en interne à cet effet.

Hervé est chargé de mener une analyse des besoins auprès des utilisateurs, afin de rédiger un cahier des charges pour la direction des systèmes d'information.

Consciencieux, fiable, il a de plus d'excellentes aptitudes relationnelles : toujours à l'écoute, il est très apprécié de ceux qu'il rencontre dans le cadre de ses activités. Il organise donc méthodiquement, comme à son habitude, une série de rendez-vous avec tous les utilisateurs potentiels, et adopte — pense-t-il — l'attitude d'écoute la plus ouverte possible.

Les premiers intéressés, les rédacteurs, lui donnent les informations suivantes :

- « Je voudrais le maximum d'automatisation dans le traitement des dossiers » ;
- « Oui, ce serait bien que le système nous crée automatiquement des listes de documents » ;

- « Il faudrait aussi qu'il nous édite des lettres types, nous n'aurions plus qu'à cocher des cases » ;
- « Et aussi des *check-lists*, avec des rappels automatiques des dossiers à relancer. » ;
- « Comme nous traitons plusieurs dossiers à la fois, il faudrait que nous ayons une sorte d'agenda automatique : en ouvrant notre poste de travail, le programme de la journée s'afficherait avec les priorités... »

Hervé rencontre ensuite le responsable du département : « Bien entendu, je veux pouvoir consulter en temps réel, à la demande, toutes les informations sur le traitement des dossiers : nombre, volume, délais... Et j'aimerais aussi pouvoir effectuer des simulations sur l'évolution des charges de travail... »

Vient le tour du contrôleur de gestion : « J'ai besoin de recevoir systématiquement des tableaux de bord détaillés et paramétrables. Je voudrais aussi pouvoir interroger le système sur des critères précis et obtenir une réponse aussi vite que possible... »

Puis Hervé s'entretient avec la comptabilité : « Les imputations comptables doivent être réalisées automatiquement ; nous avons un nouveau système comptable qui tourne très bien, il est hors de question de tout ressaisir... »

Les correspondants des agences de relation avec la clientèle sont aussi consultés : « Après avoir transmis des dossiers, nous avons un mal fou pour connaître leur avancement. Nous sommes obligés d'être pendus au téléphone... Nous devons donc pouvoir obtenir automatiquement ces informations, idéalement en interrogeant le système pour avoir la réponse en temps réel... »

Ouf !

Hervé a noté scrupuleusement toutes les demandes. Il ne lui reste plus qu'à les mettre en forme pour rédiger un dossier d'expression des besoins détaillé et le transmettre au chef de projet informatique désigné comme correspondant.

Les réactions de celui-ci ne se font pas attendre : « Oh ! la la : temps réel, simulations, tableaux de bord détaillés, agenda automatique, ils sont gourmands... Pas de problème, nous sommes là pour ça. En avant l'étude préalable ! »

Un devis de 3 000 jours/homme est bientôt présenté au comité de pilotage, qui réagit fortement : « C'est énorme ! Surtout pour un projet interne... » Normalement, en effet, les ressources sont affectées prioritairement aux projets qui ont un impact sur le chiffre d'affaires ou sur l'image de l'entreprise.

« Avez-vous exigé des justifications ? demande-t-on à Hervé.

— Euh, non, j'ai écouté simplement...

— Mais enfin, il faut bien qu'ils réalisent les conséquences de tout ce qu'ils demandent.

— Oui bien sûr, mais je ne suis pas informaticien.

— Vous auriez dû vous faire accompagner, au lieu de les rencontrer tout seul.

— C'est vrai...

— Par ailleurs, il n'y a aucune priorité : toutes les demandes sont sur le même plan. Nous ne pouvons pas donner le feu vert à ce projet tel qu'il est présenté. Vous devez impérativement reprendre ces besoins et les classer par ordre d'importance. Nous ne pourrons pas tous les satisfaire. »

Hervé repart interroger ceux qu'il a déjà rencontrés et leur dire qu'ils n'obtiendront pas tout ce qui leur a été tacitement promis. Imaginez l'accueil qu'il risque de recevoir...

Les points-clés

Hervé a été victime du « syndrome de la lettre au père Noël » : il a recueilli les besoins tels qu'ils étaient exprimés, sans précision ni justification, ce qui a généré des « surspécifications » toujours génératrices de coûts.

Il aurait dû définir précisément, et de façon réaliste, les performances attendues pour chaque fonction du futur système :

- sur la base de critères de performance précis ;
- en fixant un niveau objectif pour chaque critère ;
- en se donnant des marges de flexibilité.

C'est ainsi qu'on élabore un cahier des charges fonctionnel.

Définir des critères de performance précis

Chaque fonction du système ou du produit (fonction de service, bien entendu, qu'il s'agisse d'une fonction d'usage, d'une fonction d'estime ou d'une fonction contrainte) et chaque contrainte de réalisation doit être caractérisée par des critères de performance précis correspondant aux exigences demandées. Ces dernières seront fournies par l'utilisateur (fonctions de service) ou par le concepteur-réalisateur (contraintes de réalisation).

Dans l'exemple de la 2 CV (*cf.* pratique n° 3), Pierre Boulanger a défini une fonction d'usage « transporter » avec des critères qu'il a déterminés en se mettant à la place de l'utilisateur du futur véhicule :

- nombre et type de personnes à transporter (deux cultivateurs en sabots) ;
- caractéristiques des marchandises à transporter (50 kg de pommes de terre ou un tonnelet) ;
- vitesse (60 km/h) ;
- consommation (3 litres aux 100 km).

Un critère de performance est donc une grandeur mesurable ou tout au moins repérable sur une échelle : une vitesse, un délai, un type d'information à traiter…

Pour définir des critères, mettez-vous à la place de l'utilisateur et demandez-vous quels résultats il attend de la fonction concernée. Ensuite, quantifiez ou qualifiez ce résultat, sans entrer dans le détail des moyens ou des solutions.

Il n'existe pas de liste type applicable à toutes les situations.

© Groupe Eyrolles

Le mieux est de partir d'un questionnement classique (méthode du QQOQCP[1]) et de l'appliquer à chaque fonction et contrainte de réalisation.

- « Qui ? » : destinataires, utilisateurs, personnes concernées… ;
- « Quoi ? » : contenu, description ;
- « Où ? » : lieu de réalisation ;
- « Quand ? » : délai, périodicité, durée… ;
- « Comment ? » : modalités de réalisation, présentation des données, supports, ergonomie… ;
- « Pourquoi ? » : finalité, but…

À partir des réponses obtenues, vous déduirez les critères de performance à retenir.

Voici des exemples de réponses à un tel questionnement.

	La 2 CV Fonction « transporter »	Le sèche-cheveux Fonction « sécher les cheveux »
Qui ?	La fermière et l'un de ses enfants	Particulier, homme ou femme
Quoi ?	50 kg de pommes de terre, un tonnelet	Éliminer l'humidité des cheveux, en sortant de la douche
Où ?	De la ferme au marché de la ville voisine	Dans une salle de bains, en voyage
Quand ?	Une fois par semaine, en moins d'une demi-heure	Dans le minimum de temps : 3 minutes au maximum
Comment ?	En consommant le moins possible de carburant : pas plus de 3 litres aux 100 km	En offrant une grande liberté de mouvement
Pourquoi ?	Pour vendre les produits au marché sans avoir à mobiliser le fermier et son cheval	Pour avoir les cheveux secs et bien coiffés

---

1. Cette méthode est issue de l'hexamètre mnémotechnique de Quintilien, une figure de rhétorique grâce à laquelle une instruction criminelle pouvait être résumée. Les questions posées par Quintilien étaient : *quis, quid, ubi, quibus auxiliis, cur, quomodo, quando* (qui, quoi, où, par quels moyens, pourquoi, comment, quand).

Les réponses pourront être obtenues de différentes façons :

- en consultant les utilisateurs ou les personnes concernées ;
- en exploitant les enquêtes client et les données existantes sur la satisfaction ou l'insatisfaction relative à chaque fonction ;
- en effectuant des comparaisons avec des situations analogues (benchmarking).

Attention, les critères doivent exprimer un résultat attendu, et non un moyen de le réaliser ! Par exemple, pour la fonction « sécher les cheveux », vous exprimerez le temps de séchage et non la puissance ou le débit d'air. De même pour une prestation de nettoyage de locaux, vous spécifierez le résultat (absence de poussière, avec le moyen de contrôle) et non le mode opératoire (passer le balai).

Fixer un niveau objectif pour chaque critère

Pour chaque critère, fixez un niveau objectif de performance à atteindre : vitesse de 60 km/h, consommation de 3 litres aux 100 km, délai de 48 heures, fiabilité totale…

Ce niveau sera déterminé de la façon la plus rationnelle possible, en s'appuyant sur les exigences des utilisateurs ou des personnes concernées et sur l'observation des conditions d'utilisation. Rappelez-vous du produit à nettoyer les vitres (*cf.* pratique n° 4) : si un dispositif de commande est manipulé 200 fois au cours de sa durée de vie, évitez de fixer un niveau à 15 000.

Dans d'autres cas, ce sont les normes, les réglementations qui arrêteront le niveau à atteindre.

S'il est difficile de fixer un niveau précis, vous pouvez délimiter une plage en précisant un niveau inférieur et un niveau supérieur.

Certaines fonctions (fonctions d'estime comme l'esthétique, l'attractivité, l'ergonomie) seront difficiles à caractériser de façon objective. Dans ce cas, plutôt que d'indiquer un niveau de performance, par définition subjectif, donc source d'interprétations et de malentendus, indiquez la méthode qui permet de vérifier la performance.

L'ergonomie de la 2 CV avait été caractérisée par : « pouvoir être conduite par une conductrice débutante ». De même, l'attractivité d'un produit pourra être qualifiée de la façon suivante : « être préféré par 90 % d'un échantillon représentatif de consommateurs ».

Un peu de souplesse

Des niveaux de performance systématiquement élevés risquent d'entraîner une surqualité, source de coût.

Il est donc important de savoir si un niveau est réellement impératif ou si une marge de flexibilité est envisageable. Dans ce dernier cas, vous définirez le niveau jusqu'auquel cette marge est possible (il s'agit alors du niveau en dessous duquel le service est considéré comme non rendu).

S'il est impossible de fixer précisément la limite d'acceptation, exprimez la flexibilité qualitativement, en exprimant le degré de flexibilité accepté : aucune, faible, moyenne ou forte. L'enjeu est de ne pas enfermer le concepteur dans l'enveloppe des exigences maximales et de limiter les coûts au plus juste.

Prenons le cas d'un système ferroviaire de climatisation. Une flexibilité de quinze minutes sur le temps nécessaire pour amener une rame de train à sa température de consigne, à partir d'une température de départ élevée, a permis de réduire notablement le coût des compresseurs utilisés.

N'acceptez pas passivement les exigences des clients ou des utilisateurs, demandez systématiquement leurs conséquences sur la conception et la réalisation du produit, en termes de coûts, de complexité, de fiabilité, de délais d'obtention… Ainsi, Hervé aurait pu dire aux personnes rencontrées : « Vous souhaitez un accès en temps réel à toutes les données, de n'importe quel poste de travail, mais avez-vous mesuré les conséquences de votre demande sur la complexité du système et sur ses coûts de développement ? »

Voici des exemples de critères de performance pour la 2 CV et le sèche-cheveux, avec le niveau requis et la marge de flexibilité possible.

Fonction « transporter des personnes et des biens »		
Critère de performance	Niveau	Flexibilité
Type de personnes à transporter	Cultivateurs en sabots	Impératif
Nombre de personnes à transporter	Deux	Possibilité : quatre
Type de marchandises à transporter	50 kg de pommes de terre, un tonnelet	Impératif
Vitesse	60 km/h	Peu flexible
Consommation	3 litres aux 100 km	Peu flexible
Fonction « sécher les cheveux »		
Critère de performance	Niveau	Flexibilité
Types de cheveux	Tous types (longs, courts)	Impératif
Degré d'humidité	100 %	Impératif
Temps de séchage	Inférieur à 3 minutes	3 minutes 30 possible
Nuisances sur la peau	Aucune	Impératif
Température	50 °C max	Impératif

Présenter ses résultats

Les résultats peuvent être présentés sur une *fiche descriptive par fonction* précisant la fonction et les critères retenus, avec les niveaux demandés et la marge de flexibilité. Ces fiches forment un inappréciable outil de dialogue, pour partager l'expression des besoins entre toutes les parties prenantes, et l'affiner.

Voici la fiche descriptive de la fonction « résister aux chocs » d'un sèche-cheveux.

Produit étudié : sèche-cheveux de voyage		
Fonction n° : F 8 **Titre :** résister aux chocs		
Descriptif de la fonction : le sèche-cheveux doit conserver ses caractéristiques de fonctionnement malgré les sollicitations qu'il subit (chocs, chutes, vibrations…) sur l'ensemble de son cycle de vie (transport, stockage, distribution, utilisation, voyages…)		
Utilisateur(s) concerné(s) : particulier (homme ou femme) en voyage		
Besoin(s) de l'utilisateur : pouvoir disposer du sèche-cheveux dans les conditions normales d'utilisation		
Critère de performance	Niveau	Flexibilité
Résistance aux chutes	Maintien de l'intégrité après une chute de 1 m 50 répétée 50 fois	Impératif
Tenue aux vibrations	Selon norme XXX	Impératif

Voici maintenant la fiche descriptive de la fonction « informer le contrôleur de gestion sur les prestations réalisées » d'un système d'information.

Produit étudié : système de réimputation des prestations bureautiques		
Fonction n° : F 3 **Titre** : Informer le contrôleur de gestion sur les prestations réalisées		
Descriptif de la fonction : fournir au contrôleur de gestion les éléments d'information lui permettant de réaliser le contrôle de l'activité		
Utilisateur(s) concerné(s) : contrôleur de gestion du département		
Besoin(s) de l'utilisateur : contrôler la justesse des réimputations		

Critère de performance	Niveau	Flexibilité
Nature des informations	Unités facturées mois M et M − 1, cumul depuis le début de l'année, moyenne mensuelle année A − 1	Impératif
Consolidation	Par type de prestations, par agent et pour l'ensemble du département	Impératif
Support	Fichier électronique	État papier pour l'ensemble du département
Fréquence	Mensuelle	Impératif
Fiabilité	100 %	Impératif

Les leçons de l'expérience

Pour caractériser les fonctions, étape indispensable de l'élaboration du cahier des charges fonctionnel, adoptez une démarche rigoureuse et progressive :

* définissez pour chaque fonction des critères de performance ;
* pour chaque critère, fixez les niveaux de performance visés, en vous mettant à la place des utilisateurs ou en les sollicitant, et en exprimant le résultat attendu et non les moyens d'y parvenir ;
* enfin, pour chaque niveau, précisez la flexibilité : le niveau de performance visé est-il impératif ou flexible, et dans ce cas, jusqu'à quelle limite ?

Trois écueils à éviter

Reconduire l'existant
Attention aux pièges du copier-coller : ne reconduisez pas des exigences n'ayant plus lieu d'être.

Pratiquer la surenchère à la qualité
La surqualité est source de coût, et même d'insatisfaction.

Raisonner en termes de moyens
Ne choisissez pas la voie de la facilité : focalisez-vous toujours sur le résultat.

Trois conseils à méditer

Sollicitez et questionnez les utilisateurs.
N'inventez surtout pas de réponses à leur place.

Mesurez les conséquences de leurs exigences.
Ayez toujours à l'esprit « combien ça coûte ».

Validez leurs demandes, enrichissez-les progressivement.
Une exigence peut évoluer.

La fiche descriptive par fonction

Produit étudié : L'objet (produit, prestation, service, équipement) étudié		

Fonction n° : Numéro d'ordre de la fonction concernée
Titre : Titre de la fonction (verbe + complément)

Descriptif de la fonction
Décrire le contenu de la fonction, c'est-à-dire le service attendu ou la réaction-adaptation à un élément de l'environnement du produit

Utilisateur(s) concerné(s)
Identifier l'utilisateur (ou les utilisateurs) de la fonction

Besoin(s) de l'utilisateur
Préciser le(s) besoin(s) des utilisateurs vis-à-vis de la fonction : pourquoi demande-t-il cette fonction ?

Critère de performance	Niveau	Flexibilité (plage de flexibilité ou indications qualitatives)

Déterminer les priorités

Histoire vécue

Patrick vient d'être embauché comme responsable du marketing chez un fabricant de tonneaux destinés à l'élevage du vin.

Cette société, d'origine familiale, est réputée pour son savoir-faire et la qualité de sa production, à base de bois de chêne issu des forêts françaises. Elle vend ses tonneaux aux plus prestigieux châteaux du Bordelais comme à bien d'autres clients (viticulteurs, caves-coopératives, négociants), qui lui sont fidèles.

Or de nouveaux concurrents sont apparus sur le marché. Ils proposent pour le même usage des tonneaux nettement moins chers, fabriqués à partir de chêne américain. La clientèle commençant à se laisser séduire, l'entreprise décide de réagir en créant un poste de responsable du marketing.

La mission prioritaire confiée à Patrick consiste à rénover la gamme de produits, pour améliorer leur compétitivité, sans renoncer aux qualités qui ont fait la réputation de la maison (en particulier l'utilisation du chêne français).

Cette tâche difficile représente un défi pour Patrick qui doit remettre en cause une fabrication ancestrale. Le jeune homme se sent pourtant à la hauteur : enthousiaste, passionné, il aime s'impliquer dans ce qu'il fait et travailler avec les autres qu'il sait influencer. Par ailleurs, s'il a appris les techniques d'aujourd'hui dans son école de commerce, son grand père était vigneron : le vin, il connaît...

Tout de suite, il se met à l'ouvrage et entreprend, comme le préconisent les saines méthodes d'analyse des besoins, d'élaborer un cahier des charges fonctionnel pour la gamme de tonneaux fabriqués. Il commence par établir la liste des fonctions d'un tonneau :

- contenir le vin ;
- bonifier le vin ;
- résister aux chocs pendant le transport ;
- permettre le remplissage ;
- permettre la vidange ;
- être esthétique.

L'inventaire est vite réalisé. Sur quelle fonction faut-il agir en priorité ?

Patrick se souvient alors de son grand-père pestant contre la fragilité des tonneaux qu'il utilisait : la réponse est toute trouvée ! L'entreprise va fabriquer des tonneaux plus résistants, et, puisque cela ne doit pas augmenter leur coût, elle fera des économies sur l'esthétique (qui n'a jamais été la préoccupation principale de son grand-père).

Le projet prend forme avec l'aide du technicien de l'atelier, un « vieux routier », amusé par l'enthousiasme de Patrick. Le jeune homme présente ensuite son projet de tonneau rénové au responsable commercial. Celui-ci, ne voulant pas montrer trop vite son scepticisme, propose de rencontrer des clients afin de recueillir leur point de vue sur le sujet.

Ils entreprennent donc ensemble une tournée de différents types de clients : ils iront visiter un petit viticulteur, un grand château du Bordelais, une cave-coopérative, un négociant éleveur...

Or tous sont unanimes : ils se moquent d'avoir des tonneaux plus résistants, puisque ces derniers restent au chai à demeure pour élever le vin. En revanche, ils sont demandeurs d'une esthétique encore plus travaillée, afin que leurs visiteurs aient la meilleure impression possible en voyant les tonneaux.

« Le monde du vin a changé depuis ton grand-père, dit à Patrick un client, tu aurais mieux fait de venir nous consulter avant... »

Effectivement, le tonneau était à l'origine un instrument de transport : le viticulteur le remplissait de vin et l'amenait ensuite par différents moyens (en carriole, sur les rivières et les canaux...) jusque chez le négociant. Celui-ci mettait alors le vin en bouteilles pour le vendre. On comprend que le tonneau ait eu alors besoin de résister à toutes les sollicitations du transport : les douelles[1] étaient épaisses, l'étanchéité obtenue avec un morceau de roseau...

Depuis, le besoin a évolué : le tonneau ne sert plus au transport, mais à l'élevage du vin. Il reste au chai à demeure, et n'est donc plus soumis à autant de sollicitations. En revanche, l'esthétique prend une importance nouvelle, les rangées de tonneaux étant la première image offerte aux visiteurs.

Patrick a ainsi fait l'inverse de ce que les clients souhaitaient. Ils demandaient en réalité :

- moins de résistance, tout en en garantissant le minimum pour que le tonneau vide arrive au chai en bon état et résiste quand même à la pression du vin qu'il contient et aux manipulations nécessaires. Il aurait pu diminuer par exemple l'épaisseur des douelles et assurer l'étanchéité des tonneaux par des moyens moins sophistiqués ;
- plus d'esthétique. Le jeune homme aurait pu soigner l'aspect extérieur, en utilisant des cercles de métal présentant un meilleur aspect...

La déception de Patrick est grande, car son premier projet est un échec sans appel.

___ **Les points-clés** _____

Patrick s'est fié uniquement à son expérience et à son intuition pour déterminer les priorités, et n'a même pas pris la peine de consulter les utilisateurs.

Heureusement que le projet a été arrêté assez tôt... Le risque est grand en effet de partir sur de mauvaises bases, d'engager les ressources de l'entreprise sur de fausses pistes pour finalement ne pas répondre aux vrais besoins.

Une démarche méthodique doit être adoptée pour déterminer les priorités afin de dimensionner les ressources de façon optimale. Elle consiste à :

- hiérarchiser les fonctions ;
- éviter certains pièges (toujours tenir compte du point de vue de l'utilisateur) ;
- déterminer les vraies priorités.

---

1. Nom des pièces de bois qui constituent un tonneau.

Hiérarchiser les fonctions avec méthode

Toutes les fonctions d'un produit n'ont pas la même importance : nous saisissons bien intuitivement qu'il existe des fonctions principales (la raison d'être du produit) et des fonctions complémentaires (celles qui facilitent la réalisation des fonctions principales ou qui apportent un « plus » au produit).

Une fois encore, reprenons l'exemple de la 2 CV : sa fonction principale est « transporter » (elle est d'ailleurs citée en premier), et les fonctions complémentaires sont l'ergonomie, le confort, l'accessibilité, l'esthétisme… Comment savoir quelle fonction complémentaire privilégier (en dehors de l'esthétisme qui n'a aucune importance pour Pierre Boulanger) ?

Trois méthodes peuvent être utilisées pour hiérarchiser les fonctions : le tri croisé, le classement pondéré et la valorisation.

Nous reprendrons ici l'exemple des tonneaux de Patrick, en nous limitant aux six fonctions qui suivent :

- F1 : contenir le vin ;
- F2 : bonifier le vin ;
- F3 : permettre le remplissage ;
- F4 : permettre la vidange ;
- F5 : résister aux sollicitations ;
- F6 : être attractif.

Le tri croisé

Les fonctions sont comparées deux à deux dans un tableau triangulaire.

Pour notre exemple, la première question posée est « Entre F1 et F2, quelle est la plus importante ? », puis « Entre F1 et F3, quelle est la plus importante ? », puis « Entre F1 et F4, quelle est la plus importante ? », etc.

Méthode du tri croisé

	F2	F3	F4	F5	F6	Nombre de points	Rang
F1	F1	F1	F1	F1	F1	5	1
	F2	F2	F2	F2	F2	4	2
		F3	F3	F3	F3	2	4
			F4	F4	F6	1	5
				F5	F6	0	6
					F6	3	3

Inscrivez à chaque fois dans la case correspondante la désignation de la fonction qui a la préférence. En cas d'égalité entre deux fonctions, inscrivez les deux fonctions dans la case (vous compterez alors pour chacune 0,5 point).

Une fois que F1 a été comparée à toutes les autres, passez à F2 : « entre F2 et F3, quelle est la plus importante ? », et ainsi de suite.

Comptez ensuite le nombre d'apparitions (nombre de points) de chaque fonction dans l'ensemble du tableau (lignes et colonnes), pour obtenir un classement.

L'ordre d'importance des fonctions du tonneau est ainsi :

- n° 1 : F1 (contenir le vin) ;
- n° 2 : F2 (bonifier le vin) ;
- n° 3 : F6 (être attractif) ;
- n° 4 : F3 (permettre le remplissage) ;
- n° 5 : F4 (permettre la vidange) ;
- n° 6 : F5 (résister aux sollicitations).

Si vous utilisez cette méthode en groupe, appliquez la règle de la majorité pour déterminer à chaque fois la fonction la plus importante. Vous pouvez aussi opter pour une variante, en affectant un coefficient en fonction de l'intensité de la préférence (3 si unanimité, 2 si majorité forte, 1 si majorité faible, 0,5 si égalité).

Le classement pondéré

Cette méthode, plus intuitive que la précédente, consiste à classer les fonctions en trois catégories :

- fondamentale (F) : si la fonction n'est pas réalisée, le besoin auquel le produit répond n'est pas satisfait ;
- importante (I) : si la fonction n'est pas réalisée, le besoin auquel le produit répond pourra quand même être satisfait, mais avec difficultés ou risques ;
- utile (U) : la non-réalisation de la fonction n'a pas d'incidence sur le besoin.

Attribuez ensuite un coefficient 3 aux fonctions classées F, un coefficient 2 aux fonctions classées I et un coefficient 1 aux fonctions classées U.

Lorsque cette méthode se pratique en groupe, les classements de chacun sont reportés dans un tableau qui fait apparaître le nombre total de points acquis pour chaque fonction, et donc son rang.

Voici un exemple pour un groupe de neuf personnes.

	F (x 3)	I (x 2)	U (x 1)	Total	Rang
F1	9			27	1
F2	8	1		26	2
F3		6	3	15	4
F4		5	4	14	5
F5		2	7	11	6
F6		8	1	17	3

Une variante est également possible avec cinq catégories :

- vitale (coefficient 5) ;
- essentielle (coefficient 4) ;
- très importante (coefficient 3) ;
- importante (coefficient 2) ;
- peu importante (coefficient 1).

Dans la majorité des cas, le classement en trois catégories suffit. Si plusieurs fonctions se trouvent avoir la même importance, elles peuvent être départagées grâce à la première méthode, celle du tri croisé.

La valorisation

Chaque fonction se voit attribuer un poids (en %) correspondant à l'importance qui lui est attribuée, le total devant bien entendu faire 100 %.

Lorsque cette méthode se pratique en groupe, chacun attribue un poids à chaque fonction. Un tableau récapitulatif permet de prendre en compte toutes les valorisations, de calculer le total puis la moyenne et d'obtenir ainsi le classement final.

Voici un exemple pour un groupe de cinq personnes.

	1	2	3	4	5	Total	Moyenne	Rang
F1	40	50	40	35	35	200	40	1
F2	25	25	20	30	25	125	25	2
F3	10	10	10	10	10	50	10	4
F4	6	5	5	5	9	30	6	5
F5	4	5	5	5	1	20	4	6
F6	15	5	20	15	20	75	15	3

Quelle méthode choisir ?

La méthode du tri croisé s'avère fastidieuse lorsque le nombre de fonctions est élevé. De plus, la comparaison des fonctions deux à deux peut inciter à raisonner en termes d'« élimination » plus qu'en termes de « préférence ». Pour éviter cela, la question doit être correctement posée : demandez « Quelle fonction est la plus importante des deux ? » et non « Quelle fonction choisissez-vous entre les deux ? »

Prenons l'exemple d'une machine à laver. En comparant les fonctions « laver le linge » et « recueillir l'énergie », vous pourriez être tenté de donner comme fonction la plus importante « recueillir l'énergie », car si l'énergie n'est pas recueillie, le linge ne sera pas lavé !

La méthode du classement pondéré est la plus intuitive et la plus facile d'utilisation.

Enfin, la méthode de la valorisation a l'avantage de fournir un poids afin, si vous disposez d'un coût objectif global, d'obtenir un coût objectif par fonction. Par exemple, si le coût objectif du tonneau était de 100 €, on obtiendrait les coûts objectifs suivants pour chaque fonction : 40 € pour « contenir le vin » (40 %), 25 € pour « bonifier le vin » (25 %), etc.

Cependant dans cette méthode, il est parfois difficile de se prononcer sur les poids relatifs de chaque fonction.

Dans la pratique, les trois méthodes peuvent être appliquées à la suite : le classement pondéré pour obtenir le rang de chaque fonction, le tri croisé pour départager les *ex aequo* s'il y en a et, enfin, la valorisation pour « mettre du relief » dans le classement obtenu.

Quelques pièges à éviter

Sous leur apparente simplicité, les méthodes de hiérarchisation recèlent un certain nombre de pièges contre lesquels il est nécessaire de se prémunir, surtout si les membres du groupe d'expression des besoins ne sont pas les futurs utilisateurs.

Quels sont les pièges ?

Se placer du point de vue du concepteur-réalisateur

Ne vous laissez pas influencer par les éventuelles difficultés de réalisation de certaines fonctions, leur coût ou les problèmes techniques qu'elles posent. L'utilisateur n'est pas censé connaître les moyens de réalisation des fonctions.

Ainsi, pour un système d'information, si vous vous dites : « la fonction "permettre la simulation en temps réel" est très difficile et coûteuse à développer, donc elle est majeure », vous raisonnez comme un concepteur. Mettez-vous à la place de l'utilisateur et jugez si, de ce point de vue, la fonction est réellement importante (si ce n'est pas le cas et qu'elle est compliquée à mettre en place et chère, vous pourrez décider de ne pas la développer !).

Oublier la finalité du produit

Bien entendu, les fonctions doivent être hiérarchisées par rapport au besoin fondamental auquel le produit répond, et non par rapport aux préférences personnelles de chacun. Il est indispensable que l'intérêt général prime sur l'intérêt particulier.

Ainsi, pour un emballage de biscuits, une remarque comme : « Je suis logisticien, la fonction "résister aux transports" est primordiale, car c'est celle qui mobilise toute mon énergie et mon savoir-faire » ne privilégie pas l'intérêt général…

Se fonder sur l'existant

Les fonctions ne doivent pas être classées selon la manière dont elles sont aujourd'hui réalisées : la portée d'une fonction actuellement mal satisfaite (dont l'utilisateur est mécontent) risquerait fort d'être surévaluée. Mieux vaut imaginer que toutes les fonctions sont correctement réalisées, et partir en quelque sorte d'un produit idéal.

Pour un sèche-cheveux, ne croyez pas que la fonction « respecter les sens » est très importante parce qu'aujourd'hui le produit fait un bruit insupportable.

De même, considérez que les fonctions sont toutes réalisées. Il ne s'agit pas d'en supprimer, mais de les ordonner.

Se laisser influencer par l'enchaînement des fonctions

Considérez que toutes les fonctions sont indépendantes même si ce n'est pas le cas en réalité : vous recherchez un ordre d'importance, pas un enchaînement logique.

Dans l'exemple déjà cité de la machine à laver, la fonction « recueillir l'énergie » n'est pas plus importante que la fonction « laver le linge », même si sans recueillir d'énergie, le linge ne peut être lavé.

Quelques recommandations

Attention aux fonctions implicites : il est courant de sous-évaluer l'intérêt des fonctions principales, car il va de soi qu'elles sont satisfaites (« il est certain qu'une machine à laver doit laver le linge, donc ce qui compte le plus, c'est l'ergonomie »).

Par ailleurs, ne confondez pas les critères de choix entre plusieurs produits et la hiérarchisation des fonctions (« quand je choisis une machine à laver, je me prononce d'abord sur l'esthétique »). Pour éviter ce piège, vous pouvez d'emblée mettre en n° 1 la fonction principale, puis déterminer l'ordre des fonctions suivantes.

Enfin, prenez garde aux fonctions obligatoires : certaines fonctions contraintes obligatoires pour des raisons réglementaires (« respecter la réglementation ») ou techniques (« recueillir l'énergie ») peuvent difficilement être comparées aux autres. Mieux vaut alors les mettre « hors classement », comme fonctions obligatoires.

Déterminer les vraies priorités

Le classement des fonctions par ordre d'importance indique déjà certaines priorités, en particulier dans le cas d'une création de produit. Pour la 2 CV, le message était clair : priorité aux fonctions de transport, de confort et d'ergonomie, au détriment de l'esthétique.

Toutefois, dans la plupart des cas, un classement plus pertinent peut être réalisé, en utilisant des outils prenant en compte d'autres points de vue.

La fiche profil

Vous pouvez, si vous disposez d'une analyse de la satisfaction actuelle (*cf.* pratique n° 5), établir une *fiche profil* en disposant les fonctions par ordre d'importance. Les priorités apparaîtront clairement : les fonctions essentielles mal satisfaites seront des axes de reconception prioritaires.

Voici un exemple pour le sèche-cheveux.

Fonction (par ordre d'importance)	Critères	Cotation				Commentaire
		++	+	-	--	
F1 Sécher les cheveux	Type de cheveux Temps de séchage			X		Peu efficace sur cheveux longs
F2 Être maniable	Ergonomie Poids		X			
F3 Se ranger	Dimensions		X			
F4 Être attractif	Coloris Attractivité			X		Couleur inesthétique
F5 Être « confortable »	Bruit				X	Sifflements désagréables
F6 Interagir avec l'environnement	Résistance Non-perturbation		X			
F7 Être sûr	Isolation Tenue température		X			
F8 Recueillir l'énergie	Réseau 220 V		X			

Les axes de reconception prioritaires seront donc :

- améliorer le séchage ;
- améliorer l'attractivité ;
- améliorer le confort.

Le tableau à quadrants

Il est possible aussi de croiser l'intérêt d'une fonction et sa satisfaction actuelle sur un tableau à quatre quadrants, chacun correspondant à un degré de priorité :

- dans la zone 1, les fonctions importantes sont mal satisfaites : priorité n° 1 ;
- dans la zone 2, les fonctions moins importantes sont mal satisfaites : priorité n° 2 ;

- dans les zones 3 et 4, les fonctions sont bien satisfaites : il n'y a rien à changer, l'existant peut être récupéré.

Le tableau à quadrants

Les courbes de Kano

Un autre éclairage est apporté par les courbes de Kano[1].

Les fonctions sont repérées sur un graphique à deux dimensions : l'ordonnée représente la satisfaction du client et l'abscisse la présence de la fonction.

Trois catégories de fonctions peuvent être distinguées, elles correspondent aux trois courbes représentées.

A – Les fonctions proportionnelles : le client est insatisfait si la fonction est absente, et satisfait si elle est présente. Ces fonctions correspondent à des besoins exprimés.

B – Les fonctions obligatoires (ou implicites) : le client est insatisfait si la fonction est absente, mais la présence de cette fonction est considérée comme normale, et une meilleure performance quant à sa réalisation n'entraîne pas de satisfaction proportionnelle. Ces fonctions correspondent à des besoins implicites.

---

1. Ces courbes sont présentées dans *La conception à l'écoute du marché* de S. Shiba, D. Noyé, B. Jouslin de Noray, M. Morel et le Mouvement français pour la qualité (*cf.* bibliographie en fin d'ouvrage).

C – Les fonctions attractives (ou innovantes) : l'absence de la fonction n'entraîne pas d'insatisfaction, mais sa présence génère une
satisfaction plus que proportionnelle. Ces fonctions correspondent à des besoins latents non exprimés.

Les courbes de Kano

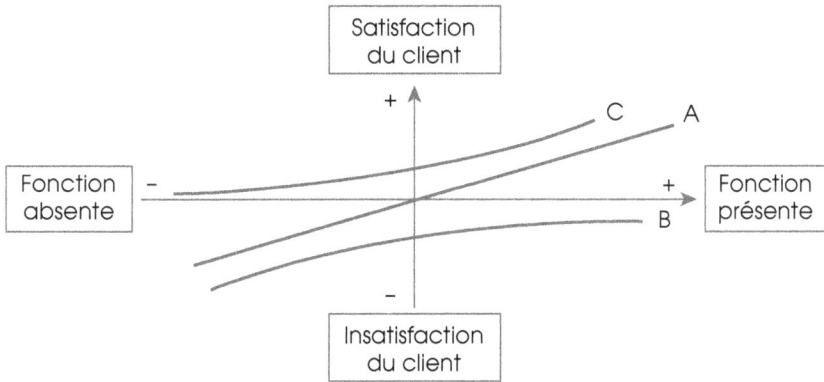

Le classement des fonctions selon cette méthode conduit à distinguer trois types de priorités :

- les fonctions à améliorer en permanence (fonctions proportionnelles) ;

- les fonctions qu'il faut maintenir à un certain niveau de performance sans chercher la « surqualité » (fonctions obligatoires) ;

- les fonctions qui font la différence car elles satisfont des besoins
émergents (fonctions attractives).

L'innovation-valeur

Enfin, un dernier éclairage est apporté par le concept de l'innovation-valeur[1], selon lequel quatre actions permettent de se différencier :

- créer de nouvelles fonctions (fonctions attractives de Kano) ;
- supprimer les fonctions inutiles ou non demandées ;
- améliorer les fonctions existantes afin d'augmenter la satisfaction (fonctions proportionnelles de Kano) ;
- réduire les fonctions existantes afin de diminuer les « surperformances » (fonctions obligatoires de Kano).

Les leçons de l'expérience

Pour focaliser correctement les ressources, déterminer les vraies priorités avec une démarche méthodique et rigoureuse, sans se laisser guider par la subjectivité ou l'intuition, est une démarche difficile mais fructueuse. Que d'efforts vains, de dépenses inutiles faute d'un minimum de discipline et de temps !

Hiérarchisez tout d'abord les fonctions avec méthode en utilisant les outils adéquats (tri croisé, classement pondéré et valorisation). Vous garderez toujours à l'esprit le point de vue de l'utilisateur (ne vous laissez pas influencer par d'autres points de vue, par les difficultés de réalisation de certaines fonctions ou par leur degré de satisfaction actuel).

Définissez ensuite les priorités réelles en vous aidant du profil de satisfaction, des courbes de Kano, du tableau à quadrants ou du concept de l'innovation-valeur.

---

1. Ce concept est présenté dans *Stratégie Océan Bleu - Comment créer de nouveaux espaces stratégiques*, de W. C. Kim et R. Mauborgne (*cf.* bibliographie en fin d'ouvrage).

Trois écueils à éviter

Mettre ses préférences personnelles en avant
Écoutez l'utilisateur !

Se faire influencer par d'autres points de vue
Écoutez l'utilisateur !

Prendre en compte les contraintes de réalisation
Écoutez l'utilisateur !

Trois conseils à méditer

Prenez le temps de hiérarchiser correctement les fonctions.
Les enjeux sont bien trop importants pour bâcler cette étape.

Croisez les méthodes, les regards.
Mettez tous les atouts de votre côté.

Validez, validez, validez.
Des outils sont là pour vous aider.

Les outils de hiérarchisation des fonctions

Le tri croisé

(exemple pour six fonctions)

	F2	F3	F4	F5	F6	Nombre de points	Rang
F1							
F2							
F3							
F4							
F5							
F6							

Le classement pondéré

	F (x 3)	I (x 2)	U (x 1)	Total	Rang
F1					
F2					
F3					
F4					
F5					
F6					

La valorisation

(exemple pour un groupe de cinq personnes)

	1	2	3	4	5	Total	Moyenne	Rang
F1								
F2								
F3								
F4								
F5								
F6								

Animer un groupe d'expression des besoins

Histoire vécue

Jérôme travaille comme ingénieur à la direction industrielle d'un laboratoire pharmaceutique. Il vient de se voir confier la responsabilité du projet de rééquipement d'un atelier de production de matière active sur un site de production.

Pour établir le cahier des charges du nouvel équipement, il a constitué une équipe pluridisciplinaire, composée du responsable de la maintenance, du directeur industriel (le propriétaire du projet), de l'acheteur spécialiste des équipements industriels, du responsable qualité du site, d'un automaticien, d'un ingénieur process, du responsable de l'atelier et de deux chefs d'équipe.

Sur la convocation pour leur première réunion, Jérôme a annoncé « Réunion sur le renouvellement de l'équipement du site ».

Il ouvre la séance en remerciant les participants de leur présence et lance la discussion sur le thème « quels sont vos besoins ? ». Ne voulant pas trop s'imposer, il s'assied pour suivre les débats…

Le responsable de la maintenance. — Il était temps ! On a voulu réaliser des économies lorsque cet équipement a été installé, et voilà où nous en sommes maintenant : trois pannes en un mois, et elles sont de plus en plus délicates à réparer. Bientôt, nous allons devoir arrêter la production.

Le responsable qualité. — Oui, je comprends, mais je voudrais que nous revenions sur ce problème de contamination il y trois semaines. Savons-nous maintenant quelle en est la cause ? Personne ne m'ôtera l'idée qu'il y a eu un manque de conscience caractérisé de la part de l'équipe en poste. Avant de vouloir renouveler le matériel, il faudrait déjà mettre les choses à plat.

Le responsable de l'atelier. — Je ne peux pas laisser passer ça ! Mes gars font leur possible avec les programmes de fabrication qui changent tout le temps.

L'acheteur. — Quand pourrai-je envoyer le cahier des charges aux fournisseurs ? En ce moment ils sont très chargés, et je crains que nous ne puissions respecter les délais.

Le responsable de la maintenance. — Si nous avions une possibilité de diagnostic à distance, nous pourrions gagner beaucoup de temps.

L'ingénieur process. — On réalise maintenant des prouesses dans ce domaine. Justement, j'ai lu dans une revue spécialisée un article qui…

L'automaticien. — Je vous coupe, c'est déjà dépassé. Aujourd'hui, avec la simulation numérique temporelle…

L'acheteur. — Quand pourrai-je envoyer le cahier des charges aux fournisseurs ?

Le responsable qualité, s'adressant aux deux chefs d'équipe. — Sur ce problème de contamination, vous avez quand même une idée de ce qui a bien pu se passer !

Les chefs d'équipe, n'osant pas regarder le responsable de l'atelier. — …

L'ingénieur process. — Je ne pense pas que la simulation numérique temporelle réglera tous les problèmes.

L'automaticien. — Attendez, avec la nouvelle génération de processeurs…

Le directeur industriel. — Cela suffit, la cause est entendue. Commandons vite un équipement sans automatisme, et nous n'aurons pas de problèmes de fiabilité.

Tout le monde parle en même temps, personne ne s'écoute.

Jérôme, s'apercevant de la confusion. — Écoutez, j'ai justement préparé une liste de fonctions pour le nouvel équipement. Étudions-la ensemble…

Le responsable de l'atelier. — D'où la sortez-vous, cette *liste de fonctions*, comme vous dites ?

Jérôme. — Eh bien, j'ai effectué une analyse fonctionnelle...

L'ingénieur process. — Vous l'avez réalisée tout seul, dans votre coin, et selon quelle méthode ? Est-elle agréée ?

Le responsable qualité, à Jérôme. — En réalité, vous voulez imposer votre point de vue. Ce n'était pas la peine de nous réunir alors ! Et si moi, je veux faire une AMDEC[1] ?

La réunion se termine dans l'agitation, chacun repart avec la conviction d'avoir perdu son temps. Jérôme jure qu'on ne l'y reprendra plus : désormais il fera tout seul et avancera bien plus vite.

___ **Les points-clés** _____

Pourtant, quelle richesse dans un groupe pluridisciplinaire ! Les problèmes y sont abordés, les points de vue confrontés, les oublis réparés... encore faut-il :

- constituer le groupe adéquat ;
- affirmer sa position d'animateur en étant « directif sur la forme » ;
- laisser chacun s'exprimer librement en étant « non directif sur le fond ».

C'est à ces conditions seulement — que Jérôme n'a pas réunies — qu'un groupe est efficace.

© Groupe Eyrolles

---

1. Analyse des modes de défaillance, de leurs effets et de leurs criticités.

Constituer le groupe adéquat

La constitution d'un groupe pluridisciplinaire obéit à certaines règles.

Quelles fonctions de l'entreprise réunir ?

Il est difficile de donner une liste type valable pour toutes les situations.

Le principe de base est que toutes les fonctions concourant à la réalisation et à l'exploitation du produit doivent être représentées :

- les utilisateurs (ou clients), ou ceux qui les représentent (par exemple le marketing), sachant que toutes les phases de vie doivent être couvertes (utilisateurs finaux, utilisateurs intermédiaires, prescripteurs) ;
- les intervenants aux différents stades du projet (acheteurs, responsables de la maintenance, organisateurs…) ;
- les concepteurs et les réalisateurs ;
- les experts de différents domaines, si nécessaire.

Évitez de convier à vos réunions le décideur ou le propriétaire du projet, car il risque d'orienter les débats et de conduire les participants à s'autocensurer. Sa place est plus pertinente dans un comité de pilotage du projet.

Faut-il inviter des clients ? La réponse dépend de la situation :

- s'il s'agit de clients internes, il faut bien sûr les faire participer, ce sont eux les utilisateurs ;
- s'il s'agit de clients externes :
  - en *business to business*, c'est envisageable, à condition de régler d'éventuels problèmes de confidentialité et de propriété industrielle. La question qui se pose est celle de la représentativité des personnes invitées, vous ne pourrez pas toujours faire l'économie d'une démarche d'écoute d'un échantillon représentatif de clients ;
  - en *business to customer*, ce n'est pas recommandé, mieux vaut solliciter d'abord les consommateurs pour recueillir leurs besoins et leurs attentes, et utiliser ces données lors de séances d'expression des besoins.

Quels types de personnes choisir ?

L'expérience de Jérôme montre qu'un choix pertinent des participants est essentiel pour éviter la confusion.

Nous recommandons de sélectionner des personnes :

- volontaires, motivées et informées ;
- disponibles, prêtes à consacrer de leur temps au projet (lors de réunions, mais aussi en dehors, pour rechercher des informations, analyser des données, vérifier des hypothèses) ;
- responsables, capables de prendre une position, de s'engager ;
- favorables au travail en groupe, sachant écouter et tirer profit d'autres points de vue que le leur.

Combien de personnes réunir ?

Pas trop ! Évitez à tout prix de constituer une commission représentative de vingt-cinq personnes. L'idéal est un groupe de dix participants au maximum, les autres acteurs concernés pouvant être impliqués individuellement pour valider certains éléments.

Combien de réunions prévoir ?

Le nombre de réunions est à choisir en fonction de la dimension du projet. Pour établir l'expression des besoins d'un produit simple, deux séances d'une demi-journée sont un minimum. Pour un système complexe, huit séances d'une demi-journée peuvent être considérées comme un maximum.

L'espacement des séances tiendra compte des travaux intermédiaires à effectuer (deux semaines est généralement un bon intervalle).

La première séance sera consacrée à l'inventaire global des fonctions du produit ou système. Lors des suivantes, chacune de ces fonctions sera examinée attentivement afin de déterminer les critères de performance, les niveaux requis et la flexibilité possible, et d'établir un classement.

Affirmer sa position d'animateur

Un groupe a besoin d'être guidé, de savoir où il va. Les comportements négatifs, inutilement agressifs, sont souvent la conséquence d'un malaise, d'une ignorance, d'une incertitude quant au déroulement, aux objectifs ou au fonctionnement du projet.

En tant qu'animateur, nous vous conseillons de respecter les règles suivantes, qui ont fait leurs preuves.

En introduction

Répétez à l'ouverture de la réunion les trois points majeurs suivants, qui seront aussi précisés dans la convocation :

- l'objectif : à quoi le groupe doit-il aboutir ? La séance sera réussie si… ;
- la démarche : comment allons-nous travailler ? Cela comprend le plan de travail, les outils, le calendrier et les horaires (qui doivent être impérativement respectés) ;
- les règles du jeu : qu'est-il attendu des participants ? Une expression sans censure ou au contraire un esprit critique ? Une exploration large ou une prise de position ?

En tout état de cause, rappelez que l'écoute et le respect des autres sont incontournables. Ne pas couper la parole, ne pas porter de jugement de valeur sur les personnes, écouter les autres points de vue sont les clés d'un travail de groupe réussi.

Être directif sur la forme

Vous êtes là pour faire respecter :

- l'objectif : dès que le groupe s'en écarte, soulignez-le ;
- la méthode et les outils : vous êtes le garant du respect de la méthode et de l'application des outils ;
- les règles du jeu : signalez poliment mais fermement tout manquement aux règles, et cela quelle que soit la position (hiérarchique ou autre) de la personne impliquée.

S'affirmer par sa présence

Nous recommandons la position debout face aux participants, de façon à pouvoir rencontrer le regard de tous les participants et écrire au tableau.

Vous vous affirmerez par votre attitude, votre voix, mais aussi, par votre volonté d'aboutir, en communiquant aux autres votre confiance dans la méthode choisie.

En conclusion

Prévoyez le temps nécessaire pour effectuer la synthèse de la réunion.

Soulignez à ce moment les points marquants : « Nous sommes d'accord sur… », « Il reste à approfondir… ».

Enfin, précisez « qui fait quoi » et « pour quand », et donnez les renseignements pratiques concernant la prochaine réunion (date, heure, lieu…).

Laisser chacun s'exprimer librement

Ni juge, ni partie, vous devez être neutre : votre rôle est de faire s'exprimer les participants et d'effectuer une synthèse de la séance (vous n'avez pas à être directif sur le fond).

La neutralité se manifeste par l'écoute : écrivez les propos des participants avec leurs mots sans les interpréter, reformulez-les pour vérifier que vous les avez bien compris.

Si vous intervenez à titre d'expert, indiquez-le, ou mieux, confiez l'animation de la séance à quelqu'un d'autre. Il est préférable que l'animateur ne soit pas systématiquement le spécialiste le plus concerné par le sujet.

Le fait de créer une ambiance détendue facilite l'implication. Relancez les participants sans les « agresser », afin de susciter les échanges.

Lorsque vous dégagez la synthèse de la rencontre, mettez en évidence les points d'accord. Si des dissensions subsistent, ne les ignorez pas : soulignez-les au contraire, et précisez que vous les ferez trancher par une instance de décision (comité de pilotage, propriétaire du projet).

Enfin, rédigez après chaque entrevue un compte rendu clair et synthétique, s'appuyant au maximum sur des formats prédéfinis (vous éviterez le texte inutile).

Les leçons de l'expérience

Animer un groupe pluridisciplinaire est une activité exigeante, qui demande de la discipline. Chacun en est capable, à condition de s'astreindre à respecter les règles de base et de s'entraîner. Il est important de rester soi-même, sans chercher à jouer un rôle.

Pour éviter la confusion et permettre l'expression libre de chacun, il convient :

* de réunir le groupe adéquat (pluridisciplinaire, composé au maximum de dix personnes volontaires et responsables) ;
* d'être directif sur la forme (restez centré sur l'objectif, pilotez le déroulement de la méthode et faites respecter les règles du jeu) ;
* de ne pas être directif sur le fond (respectez la parole de chacun et conduisez tous les participants à s'exprimer).

Dans de telles conditions, l'animation procure, en plus de résultats satisfaisants, l'agrément de la reconnaissance.

Trois écueils à éviter

Constituer un groupe incomplet
Veillez à réunir toutes les fonctions concernées.

Être trop directif ou pire, manipulateur
À ce stade, vous *faites faire*, vous ne *faites* pas.

Être trop passif
Un groupe a besoin d'être guidé.

Trois conseils à méditer

Appuyez-vous sur la méthode.
C'est le meilleur support, neutre et partagé.

Soyez toujours très clair sur les objectifs et la démarche.
Le non-dit et le flou sont sources d'incompréhension et de malaise.

N'attendez pas tout du groupe.
Il y aura toujours des éléments à compléter et à faire valider en dehors du groupe.

Le *vade-mecum* de l'animateur

Son rôle
Mettre à l'aise les participants, faire respecter les règles de fonctionnement du groupe, appliquer une méthode, des outils

Sa façon d'être (lui-même par-dessus tout)
Directif sur la forme, non directif sur le fond
Présent, à l'écoute
Ayant une volonté d'aboutir, des facilités pour synthétiser, une bonne capacité d'adaptation

Les règles de fonctionnement du groupe
Présentez, affichez et faites respecter ces règles à chaque séance de travail

Liberté		**Respect des autres**
Exprimez-vous		Ne jugez pas
Prenez la parole		Évitez les opinions toutes faites
Dites ce que vous avez à dire	**Esprit positif**	Gardez-vous des jugements de valeur
	Faites avancer les choses	
Écoute	Construisez	**Implication**
Écoutez les autres	Aidez l'animateur	Participez, questionnez
Comprenez leur point de vue		Vérifiez que vous avez été compris
Ne leur coupez pas la parole		Dites « je » et non « on »

Les réunions

La préparation (avant chaque séance)	*Technique* Choix de la méthode, des outils Préparation d'un plan d'animation *Matérielle* Disposition de la salle Présence des ressources : tableau, recharges, marqueurs… *Pratique* Information préalable Horaires, ordre du jour Disponibilité des participants *Mentale* Confiance en soi Esprit positif Spontanéité
Le démarrage	Fixez le cadre de la rencontre Présentez, expliquez et affichez : l'objectif, la méthode, le plan de travail, les outils, le calendrier, les horaires, les règles du jeu. Précisez ce que vous attendez des participants
La conclusion	Prévoyez le temps de la synthèse Soulignez les points marquants Précisez « qui fait quoi » et « pour quand » Fixez la prochaine séance (objectif, lieu, date, horaires)
Après la séance	Rédigez un compte rendu clair et synthétique Diffusez-le rapidement

Bâtir et partager
le cahier des charges fonctionnel

Histoire vécue

Jean-François est chef de projet dans une entreprise d'équipements automobiles.

Il a eu l'occasion de recourir à l'analyse fonctionnelle à plusieurs reprises, toujours avec succès, et dans des contextes très variés : pour des composants, mais aussi pour des équipements et des prestations. Il apprécie beaucoup la rigueur de cette méthode, ainsi que la prise de recul qu'elle demande et la créativité qu'elle suscite.

Lui vient alors une idée : s'il appliquait cette démarche à sa vie personnelle ?

Il doit justement faire rénover sa salle de bain. Très impressionné par l'histoire de la 2 CV, il se dit qu'il pourrait prendre modèle sur Pierre Boulanger, c'est-à-dire rédiger un cahier des charges fonctionnel et l'adresser pour consultation à des entreprises et des artisans. Au moins, ceux-ci ne se verraient pas imposer ses vues et pourraient montrer tout leur savoir-faire.

Voici un extrait du document qu'il envoie aux entreprises et artisans qu'il consulte.

Rénovation d'un espace d'eau

Je dispose d'un espace carré de 9 m², avec une ouverture de 1 m 20 par 1 m 20 orientée sud-ouest.

Je me lève en général à 6 h 30 en semaine, été comme hiver, et à 7 h 30 le week-end.

Après avoir utilisé les toilettes, je me rase avec un rasoir mécanique puis je me fais couler un bain dans lequel j'aime rester lire quelques minutes.

Une fois lavé et séché, je m'habille sur place pour aller prendre mon petit-déjeuner...

Très fier, il envoie ce texte à une bonne vingtaine de destinataires : autant élargir la consultation, les réponses n'en seront que plus riches, pense-t-il...

Une semaine, deux semaines, trois semaines passent, il n'a reçu aucune réponse...

Il entreprend alors de relancer les personnes par téléphone et s'aperçoit que la plupart n'ont même pas lu son document en entier : « on ne sait pas ce que vous voulez exactement », « ce n'est pas assez précis »... Certains le prennent même pour un mauvais plaisantin.

Il finit par convaincre un vieil artisan plombier de se déplacer. Celui-ci, après l'avoir assailli de questions (« Quel diamètre de tuyaux souhaitez-vous ? Quel modèle de baignoire ? Où place-t-on le lavabo ?, etc. »), accepte de réaliser les travaux sans tenir compte du cahier des charges initial.

Très déçu, Jean-François se confie à l'un de ses collègues, lui aussi fervent adepte de l'analyse fonctionnelle :

« Je leur avais pourtant tout dit ! J'avais bien exprimé mon besoin sans évoquer de solutions. Ils n'avaient qu'à lire attentivement le document pour en déduire ce qu'ils avaient à faire :

- Je leur parle d'ouverture et d'orientation : ils peuvent en déduire les besoins d'éclairage.
- Je leur donne l'heure à laquelle je me lève et je leur précise que je me rase tout nu : ils peuvent en déduire qu'une température douce doit rapidement être obtenue, donc choisir le mode de chauffage et le dimensionner en conséquence.

- J'indique que mon rasoir est mécanique : ils peuvent en déduire que je n'ai pas besoin d'une prise spéciale pour rasoir électrique ; en revanche, il me faut une glace et un bon éclairage.
- Je précise que je reste à lire dans mon bain : ils peuvent en déduire la taille de la baignoire, le confort qu'elle doit offrir, et le débit et la température de l'eau.
- Je leur dis que je m'habille sur place : ils peuvent prévoir des éléments de rangement pour les vêtements, une penderie.

La lecture attentive de mon document leur indiquait tout le matériel à utiliser : les WC, le lavabo, la baignoire, les prises de courant... Or le seul qui réagit me parle de diamètre de tuyaux ! »

___ **Les points-clés** _____

Contrairement à ce qu'il pense, ce n'est pas un cahier des charges fonctionnel que Jean-François a rédigé. Il a fourni un scénario d'utilisation, sans préciser les fonctions à satisfaire. Il est resté trop générique et, surtout, il n'a pas cherché à se mettre à la place de ses interlocuteurs, peu habitués à ce type de démarche. Un architecte d'intérieur aurait pu exploiter son document — avec de nombreuses explications —, mais pas un artisan plombier !

Pour bâtir et partager un cahier des charges fonctionnel, Jean-François aurait dû impérativement réfléchir aux questions suivantes :

- Pour qui le rédiger et avec qui ?
- Pourquoi l'élaborer ?
- Quelles rubriques doit-il comporter ?

Pour qui le rédiger et avec qui ?

Un document destiné aux concepteurs

Le cahier des charges fonctionnel est le plus souvent destiné aux concepteurs, à ceux qui vont concevoir ou repenser le produit ou le service concerné. Ils peuvent être internes à la société (un service de l'entreprise) ou externes (un fournisseur).

Dans tous les cas, le cahier des charges fonctionnel doit leur donner les indications nécessaires et suffisantes pour une compréhension

complète du besoin, sans se référer aux solutions techniques susceptibles d'y répondre. Il doit aussi leur fournir tous les éléments leur
permettant d'élaborer la réponse au besoin.

Le cahier des charges fonctionnel peut également être utilisé, en
dehors du cadre d'une conception ou d'un remaniement, comme un
support de réflexion commun dans le cadre de groupes de travail sur
des sujets divers : qualité, sécurité, sûreté de fonctionnement…

Une œuvre commune

L'élaboration du cahier des charges fonctionnel est menée avantageu-
sement au sein d'un groupe de travail réunissant les représentants
des différentes parties prenantes à la conception et à la réalisation du
produit : études, marketing, achats, utilisateurs ou leurs représentants…

Cette démarche pluridisciplinaire est une garantie d'efficacité, de
rapidité, et de complétude : chacun apporte sa contribution, les
points de vue sont échangés, la communication s'établit et tout le
monde avance ensemble.

Enfin, rappelez-vous qu'un cahier des charges fonctionnel se construit progressivement : recueil des données, validations et vérifications affinent et fiabilisent les indications qu'il contient au fur et à
mesure de l'analyse des besoins.

Pourquoi l'élaborer ?

Le cahier des charges fonctionnel exprime le besoin en termes fonctionnels sans superflu. C'est le point de départ d'une conception
optimisée (satisfaction du besoin et respect des coûts).

Par ailleurs, il favorise le dialogue entre les partenaires internes (services d'une même entreprise) et externes (clients, fournisseurs) en
devenant le document de référence. Cela implique qu'il ne soit ni
trop technique, ni trop générique. L'expression du besoin sous forme
de fonctions permet à chaque partenaire de communiquer au mieux.

Enfin, le cahier des charges fonctionnel stimule l'innovation.
L'énoncé du besoin sous forme fonctionnelle, sans référence aux solu-

tions techniques susceptibles d'y répondre, ouvre au maximum le champ d'investigation et fait émerger des solutions innovantes. Il conduit ainsi, dans le cadre d'une consultation extérieure, à élargir le panel de fournisseurs consultés, puisqu'il ne se restreint pas à une technologie particulière. En contrepartie, l'examen des offres sera plus délicat, car elles pourront être hétérogènes (l'utilisation de critères strictement fonctionnels facilitera l'opération).

Quelles rubriques mentionner ?

Une présentation bien structurée du cahier des charges fonctionnel contribuera à faciliter sa lecture. Ses principales rubriques sont la présentation du projet, l'identification du produit ou service concerné, son environnement, les fonctions de service que le produit devra réaliser et les contraintes de réalisation (avec leur justification).

Dans le cas d'une consultation externe, le cahier des charges fonctionnel sera complété par des indications sur les conditions de la consultation et sur les modalités de réponse (délai de réponse, cadre de réponse, nature de la réponse, possibilité de proposer des variantes…).

La présentation du projet

- Le contexte : les faits, les buts, les causes
- L'objectif et les résultats attendus
- Les parties concernées (demandeur, décideur)
- Le périmètre
- Les contraintes dans le déroulement du projet
- Les critères de choix des solutions

Nous retrouvons ici les rubriques de la fiche objectif présentée dans la pratique n° 2.

L'identification du produit ou service concerné

- L'objet étudié (produit ou service)
- L'utilisateur principal
- Le besoin fondamental de l'utilisateur

Nous retrouvons ici les rubriques de l'ébauche de cahier fonctionnel proposée dans la pratique n° 3.

Son environnement

- Son cycle de vie
- Les « interacteurs » de son environnement
- Les conditions dans lesquelles il sera utilisé (scénario d'utilisation)

Nous retrouvons ici les constituants de l'« araignée » présentée dans la pratique n° 4.

Les fonctions de service

Elles seront classées par catégorie (fonctions d'usage, fonctions d'estime ou fonctions contraintes), hiérarchisées par ordre d'importance et formulées en un langage clair et précis (une phrase avec un verbe et un complément).

Chaque fonction sera caractérisée par des critères, avec pour chacun un niveau à atteindre et la marge de flexibilité possible.

Nous retrouvons ici les constituants des fiches descriptives par fonction de la pratique n° 7 et le principe de la hiérarchisation traité dans la pratique n° 8.

Les contraintes de réalisation

Indiquez ensuite les contraintes de réalisation avec leur justification.

Les leçons de l'expérience

Bâtir un cahier des charges fonctionnel est une tâche exigeante, encore faut-il qu'elle soit nécessaire…

Le cahier des charges fonctionnel formalise l'expression des besoins sans imposer de solution. Il est destiné essentiellement à ceux qui vont concevoir ou faire évoluer le produit (objet, équipement, prestation, service). Il se construit le plus efficacement en groupe pluridisciplinaire d'expression des besoins, de façon progressive, en ménageant des possibilités de validation. Structuré, il présente successivement le contexte du projet, le produit et son environnement, et les fonctions qu'il doit assurer.

L'absence de référence à des solutions techniques est une occasion de stimuler l'innovation en respectant le savoir-faire des concepteurs ou fournisseurs, mais aussi un garde-fou contre les dérives de coûts dues aux surspécifications.

Si vous souhaitez que le concepteur ou le fournisseur respecte une solution imposée pour une raison quelconque (réglementaire, stratégique, technique), alors mieux vaut s'abstenir et rester dans un cadre purement technique. Dans le cas contraire, le cahier des charges fonctionnel se révèle un excellent outil de dialogue, s'il est construit en commun et utilisé correctement.

Trois écueils à éviter

Rédiger un cahier des charges fonctionnel trop générique
Ne restez pas au niveau du besoin générique, déclinez-le en fonctions.

Rédiger un cahier des charges fonctionnel trop détaillé
Vous risquez d'en venir à décrire une solution.

Élaborer seul le cahier des charges fonctionnel
C'est une activité de groupe pluridisciplinaire.

Trois conseils à méditer

Facilitez par tous les moyens la lecture.
Imaginez-vous à la place du destinataire.

Mettez en évidence les contraintes, mais aussi les degrés de liberté.
Vous éviterez les contraintes implicites.

Construisez progressivement le cahier des charges fonctionnel.
Recueillez les données, validez-les, vérifiez-les.

Structure d'un cahier des charges fonctionnel

Présentation du projet (*cf.* pratique n° 2)	Contexte : faits, buts, causes Objectifs et résultats attendus Périmètre, contraintes, critères de choix des solutions
Identification du produit (*cf.* pratique n° 3)	Désignation Utilisateur principal Besoin de l'utilisateur principal
Environnement du produit (*cf.* pratique n° 4)	Phases de vie Éléments de l'environnement (interacteurs) Scénarios d'utilisation
Fonctions de service (*cf.* pratiques n° 7 et 8)	Liste hiérarchisée avec critères, niveaux et flexibilité des fonctions d'usage, des fonctions d'estime et des fonctions contraintes
Contraintes de réalisation (*cf.* pratique n° 4)	Liste des contraintes Justifications

En guise de synthèse

Vous avez maintenant tous les outils en main (fiche objectif, fiche « araignée », fiche d'analyse par fonction, fiche d'analyse descriptive, fiche profil, formats de hiérarchisation, outils de priorisation, structure du cahier des charges fonctionnel…) pour réaliser l'analyse des besoins. Vous savez que demander au propriétaire du projet, aux utilisateurs ou à leurs représentants, comment prendre en compte l'existant, la concurrence, animer des séances d'expression des besoins, écouter les clients, rédiger un cahier des charges fonctionnel.

Nous tenons tout de même à vous mettre en garde contre deux attitudes extrêmes :

- le laxisme : « Ces outils sont bien compliqués, il y en a trop, cela va prendre trop de temps de les utiliser tous et cela risque de perturber mes interlocuteurs… Après tout, il s'agit juste de faire preuve de bon sens : depuis longtemps, je pratique l'analyse des besoins sans le savoir. Puisque j'ai compris l'état d'esprit de ce livre, je vais me fier maintenant à mon intuition ! » Vous allez une fois encore travailler seul et risquer un échec sans en connaître la cause. Bien entendu, vous risquez aussi de réussir, mais sans savoir pourquoi ;

- la rigidité procédurière : « Enfin des outils, des formulaires, des questionnaires. Je vais tous les remplir scrupuleusement pour être certain de ne rien oublier. Tant pis si cette méthode prend du temps et agace, au moins j'aurai tout fait pour parvenir à un résultat. » Certes, vous aurez bien utilisé tous les outils proposés, mais à quel prix ? Vous y aurez passé du temps, vous aurez demandé aux autres de s'investir aussi, et pourtant vous aurez toutes les chances d'être passé à côté de l'essentiel.

C'est pour ces raisons qu'il est indispensable de qualifier la situation avant de choisir les outils à utiliser. Il s'agit d'une démarche en trois temps :

- questionnez d'abord le propriétaire du projet sur les enjeux (*cf.* pratique n° 2) : de quoi s'agit-il (conception, re-conception, évolution) ? De quel type de produit est-il question (industriel, bien de consommation, service, prestation, interne ou externe) ? Quel est le résultat attendu et dans quel délai ? ;

- puis réalisez un état des lieux : quelles sont les données déjà disponibles ? Existe-t-il des enquêtes clients, des éléments de cahier des charges ?... Il est rare que la page soit totalement blanche ;

- enfin, déterminez la démarche et les outils : est-il nécessaire de mettre en œuvre une démarche d'écoute des clients, et sous quelle forme ? Faut-il réaliser des analyses de l'existant, de la concurrence, et jusqu'à quel degré de finesse ? Comment mener l'expression des besoins en termes de fonctions : par le biais d'un groupe pluridisciplinaire, d'entretiens individuels ? Jusqu'à quel niveau de détail caractériser les fonctions ?

Mieux vaut commencer par une démarche globale et simple, et la détailler par la suite : le cahier des charges fonctionnel est un document évolutif. Une première version « générique » élaborée rapidement (*cf.* pratique n° 3) peut ensuite se préciser au fur et à mesure. Cette ébauche de cahier des charges fonctionnel et la fiche objectif sont, selon nous, les deux outils indispensables. Les autres outils seront à employer en fonction des circonstances, avec une seule exigence : le résultat.

Enfin, appliquez tout au long du projet les trois règles d'or :

- restez fonctionnel (dissociez besoins et solutions) ;

- ne travaillez pas seul (constituez un groupe ou au moins faites valider vos résultats ou vos suggestions par d'autres) ;

- écoutez les utilisateurs (c'est pour satisfaire leurs besoins que le projet est lancé).

Testez votre compréhension des concepts

Étudions un distributeur automatique de billets comprenant un coffre-fort. Pour chaque ligne, mettez une croix dans la case qui vous semble la plus appropriée.

		Besoin	Fonction d'usage	Fonction d'estime	Fonction contrainte	Critère	Fonction technique	Solution	Contrainte de réalisation
1	Décharger la banque de la distribution de billets								
2	Délivrer les billets à l'utilisateur								
3	Être rapide								
4	Convoyer les billets du coffre-fort vers la goulotte de sortie								
5	Fournir une trace de la transaction au client								
6	Avoir une imprimante thermique								
7	Être esthétique								
8	Résister aux tentatives d'effraction								
9	Avoir un coffre-fort d'épaisseur 25 mm								
10	Pouvoir être fabriqué en moins de quatre semaines								

Corrigé du test

		Besoin	Fonction d'usage	Fonction d'estime	Fonction contrainte	Critère	Fonction technique	Solution	Contrainte de réalisation
1	Décharger la banque de la distribution de billets	X							
2	Délivrer les billets à l'utilisateur		X						
3	Être rapide					X			
4	Convoyer les billets du coffre-fort vers la goulotte de sortie						X		
5	Fournir une trace de la transaction au client		X						
6	Avoir une imprimante thermique							X	
7	Être esthétique			X					
8	Résister aux tentatives d'effraction				X				
9	Avoir un coffre-fort d'épaisseur 25 mm							X	
10	Pouvoir être fabriqué en moins de quatre semaines								X

Commentaires

1. Décharger la banque de la distribution de billets

Il s'agit bien d'un besoin : c'est pour cette raison que le distributeur de billets a été implanté. On pourrait même préciser « décharger la banque de la distribution *manuelle* de billets, *24 heures sur 24* ».

2. Délivrer les billets à l'utilisateur

C'est une fonction d'usage, la fonction principale. Le produit (le distributeur de billets) réalise cette action pour répondre au besoin précédent.

3. Être rapide

Ce n'est ni un besoin ni une fonction, mais un critère de performance relatif à la fonction précédente : « délivrer les billets à l'utilisateur *en moins de X minutes* ».

4. Convoyer les billets du coffre-fort à la goulotte de sortie

Voici typiquement une fonction technique : elle décrit une action interne au produit, pour assurer la fonction d'usage « délivrer les billets à l'utilisateur ».

5. Fournir une trace de la transaction au client

C'est de nouveau une fonction d'usage, un service attendu par l'utilisateur. Ici, on ne désigne pas le moyen, le type d'imprimante par exemple.

6. Avoir une imprimante thermique

Ce n'est pas une fonction d'usage, ni même une fonction technique, car ce n'est pas une action interne qui est décrite. Il s'agit tout simplement d'une solution, d'un moyen.

7. Être esthétique

Voici typiquement une fonction d'estime.

8. Résister aux tentatives d'effraction

Cette fonction contrainte exprime bien une résistance à une agression de l'environnement.

9. Avoir un coffre-fort d'épaisseur 25 mm

Il s'agit de la solution retenue pour assurer la fonction précédente.

10. Pouvoir être fabriqué en moins de quatre semaines

C'est typiquement une contrainte de réalisation.

Votre plan de progrès

Définissez trois objectifs avec un critère de mesure associé à chacun, en précisant les moyens requis pour leur réalisation.

Identifiez d'une part les bénéfices si ces objectifs sont atteints, d'autre part les risques s'ils ne le sont pas. Finalisez votre plan en définissant un nombre limité d'actions, une date « au plus tard » pour leur réalisation et les moyens requis.

Thème		
Objectifs	Critères de mesures	Moyens associés
Bénéfices		Risques si objectifs non atteints
Action	Date	Comment ?

Bibliographie

AFAV, *Exprimer le besoin : applications de la démarche fonctionnelle*, Afnor, 1989.

AFAV, *Exprimer le besoin : contributions de l'analyse fonctionnelle*, Afnor, 1998.

BALLIEU J., BOULET C., *L'analyse de la valeur*, Afnor, 2002.

BERNARD-BOUSSIÈRES J., *Expression du besoin et cahier des charges fonctionnel*, Afnor, 2006.

KIM W. et MAUBORGNE R., *Stratégie Océan Bleu, Comment créer de nouveaux espaces stratégiques*, Village mondial, 2005.

MARCHAT H., *L'analyse des besoins*, Éditions d'Organisation, 2006.

MIDLER C., *L'auto qui n'existait* pas, Dunod, 2004.

PINCON J.-A., *Optimiser les achats par l'analyse fonctionnelle, La méthode OPERA*, Éditions de la performance, 2004.

SABATÈS F. : *La 2 CV, 40 ans d'amour*, Massin, 1998.

SHIBA S., NOYÉ D., JOUSLIN DE NORAY B., MOREL M., Mouvement français pour la qualité, *La conception à l'écoute du marché*, Insep Consulting Editions, 1995.

TASSINARI R., *Réussir votre analyse fonctionnelle*, Afnor, 2002.

TASSINARI R., *Pratique de l'analyse fonctionnelle*, Dunod, 2006.

www.ingramcontent.com/pod-product-compliance
Lightning Source LLC
Chambersburg PA
CBHW062004200326
41519CB00017B/4666